A RETOMADA DO COMPLEXO DO ALEMÃO

COORDENAÇÃO EDITORIAL Gustavo Carvalho
REVISÃO Aglaê Lima
PROJETO GRÁFICO Narrativa Editorial [Hellen Pimentel]
CAPA Narrativa Editorial [Hellen Pimentel]

DIREITOS RESERVADOS A
EDITORA GRIFFO'S
QUANTO VALE SEU CONHECIMENTO?!
RIO DE JANEIRO - RJ
www.editoragriffos.com
@editoragriffos

Dados Internacionais de Catalogação na Publicação (CIP)
(Câmara Brasileira do Livro, SP, Brasil)

Greco, Rogério
A retomada do Complexo do Alemão / Rogério Greco, Eduardo Betini, André Monteiro. -- 3. ed. -- Rio de Janeiro : Editora Griffo's, 2024.

ISBN 978-65-980839-8-4

1. Crime organizado - Complexo do Alemão (Rio de Janeiro, RJ) 2. Criminosos - Complexo do Alemão (Rio de Janeiro, RJ) 3. Violência - Complexo do Alemão (Rio de Janeiro, RJ) 4. Unidades de polícia pacificadora - Complexo do Alemão (Rio de Janeiro, RJ) I. Betini, Eduardo. II. Monteiro, André. III. Título.

24-228810 CDD-363.2098153

Índices para catálogo sistemático:

1. Brasil : Polícia : Segurança pública : Rio de Janeiro : Problemas sociais 363.2098153

Eliete Marques da Silva - Bibliotecária - CRB-8/9380

A RETOMADA DO COMPLEXO DO ALEMÃO

ROGÉRIO GRECO
EDUARDO MAIA BETINI
ANDRÉ MONTEIRO

EDITORA GRIFFO'S

3ª edição, revista e ampliada
Rio de Janeiro, 2024

Pois da mesma forma que julgarem,
vocês serão julgados; e a medida que usarem,
também será usada para medir vocês.

Mateus 7.2

SI VIS PACEM,

PARA BELLUM

SE QUERES A PAZ,
PREPARA-TE PARA A GUERRA

FORÇA E HONRA

CAVEIRA!

Rogério Greco

- → Procurador de Justiça / MG.
- → Membro titular da banca examinadora de Direito Penal do XXXVIII Concurso do Ministério Público de Minas Gerais.
- → Membro fundador do Instituto de Ciências Penais (ICP) e da Associação Brasileira dos Professores de Ciências Penais.
- → Pós doutorando pela Universidade de Messina (Itália).
- → Doutor pela Universidade de Burgos (Espanha).
- → Mestre em Ciências Penais pela Universidade Federal de Minas Gerais (UFMG).
- → Especialista em Direito Penal (Teoria do Crime) pela Universidade de Salamanca (Espanha).
- → Formado pela National Defense University (William J. Perry Center for Hemispheric Defense Studies) em combate ao crime organizado transnacional e redes ilícitas nas
- → Américas (E.U.A).
- → Palestrante em congressos e universidades em todo o país.
- → Membro eleito para o Conselho Superior do Ministério Público de Minas Gerais para os anos de 2003, 2006 e 2008.
- → Embaixador de Cristo.
- → Autor dos Livros:

– *Direito Penal* (Belo Horizonte: Cultura); *Estrutura Jurídica do Crime* (Belo Horizonte: Mandamentos); *Concurso de Pessoas* (Belo Horizonte: Mandamentos); *Direito Penal* – Lições (Rio de Janeiro: Impetus); *Curso de Direito Penal* – parte geral e parte especial (Rio de Janeiro: Impetus); *Código Penal Comentado* – doutrina e jurisprudência (Rio de Janeiro: Impetus); *Atividade*

Policial – aspectos penais, processuais penais, administrativos e constitucionais (Rio de Janeiro: Impetus); *Vade Mecum Penal e Processual Penal* (coordenador) (Rio de Janeiro: Impetus); *Sistema Prisional – colapso atual e soluções alternativas* (Rio de Janeiro: Impetus); *Virado do Avesso* – um romance histórico-teológico sobre a vida do apóstolo Pauo (Rio de Janeiro: Nah-Gash); *Direito Penal do Equilíbrio* (Rio de Janeiro: Impetus); *Leis Penais Especiais – crimes hediondos e tortura* (Rio de Janeiro: Impetus); *Derechos Humanos – crisis de la prisión y modelo de justiça penal* (Espanha: Publicia Editorial).

Eduardo Maia Betini

→ Agente de Polícia Federal lotado na Coordenação de Aviação Operacional da Polícia Federal (CAOP) em Brasília, DF.

→ Instrutor de técnicas policiais da Academia Nacional de Polícia, da Força Nacional de Segurança Pública, da Secretaria Nacional de Segurança Pública e do BOPE/RJ.

→ Concluiu vários cursos na área das operações especiais, entre eles o Curso de Operações Especiais Policiais - COEsp (BOPE/RJ) e o Curso de Operações Táticas (COT/DPF).

→ Atuou em diversas operações policiais, entre outras, a pacificação do Complexo do Alemão, a pacificação do Complexo do São Carlos e a Operação Guilhotina.

→ Formado em Agronomia, com licenciatura plena em Biologia e bacharel em Direito.

→ Mestrado em Química do Solo.

→ Autor dos Livros:

– *Charlie Oscar Tango* - por dentro do grupo de operações especiais da Polícia Federal; *Lanterna tática* - atividade policial em situações de baixa visibilidade; *Curso de uso diferenciado da força.*

André Monteiro

- Policial Militar do estado do Rio de Janeiro, lotado no Batalhão de Operações Policiais Especiais - BOPE há 19 anos.
- Bacharel em Direito – Universidade Estácio de Sá (Unesa).
- Palestrante na área de Segurança Pública em congressos e universidades em todo o país.
- Cursos e estágios concluídos: Técnicas Especiais (Batalhão de Forças Especiais/EB); Segurança e Escolta de Autoridades (1o BPE/EB); Operações Helitransportadas (Batalhão de Forças Especiais/EB); Ações Táticas (BOPE/RJ); Montanha (BOPE/RJ).
- Participou de planejamentos e atuou em diversas operações poLiciais, incluindo todas as operações de pacificação nas comunidades do estado do Rio de Janeiro.
- Embaixador de Cristo.

Apresentação

Nas últimas décadas, a cidade do Rio de Janeiro tem sentido o aumento da violência urbana, principalmente por conta do tráfico de drogas e seus efeitos nefastos.

As comunidades carentes, que povoam a cidade, foram tomadas por grupos criminosos, que impuseram seu regime de terror. Criaram um estado paralelo, com suas próprias regras. Eram territórios dominados que faziam de refém a população que neles vivia.

Alguma coisa tinha de ser feita. Ninguém mais suportava ver traficantes fortemente armados, andando de um lado para o outro, como se ali fosse propriedade sua.

As pacificações começaram a acontecer e o BOPE teve participação fundamental nesse processo. Ele pode ser considerado como uma peça chave, indispensável para a implementação das chamadas Unidades de Polícia Pacificadora (UPPs), permitindo que o Estado voltasse a ocupar o lugar que sempre lhe pertenceu, trazendo, novamente, a paz social.

Entre as pacificações já ocorridas, uma delas chamou a atenção pela grandiosidade com que foi levada a efeito. Trata-se da comunidade conhecida como Complexo do Alemão, que despertou o interesse, inclusive, da imprensa internacional. Foram dias inesquecíveis, em que, basicamente, todas as forças policiais se uniram em busca de um objetivo comum: retomar aquele território, antes dominado por centenas de traficantes.

Este livro conta essa história, narrada por três amigos que participaram, cada um a seu modo, do processo de retomada do Complexo do Alemão. Monteiro, Policial do BOPE, que fez parte da primeira equipe a entrar naquela comunidade; Betini, Policial Federal, que foi requisitado para juntar forças para o chamado dia "Du", em que o Complexo do Alemão seria trazido de volta ao domínio do Estado; e Greco, Procurador de Justiça que, a convite do BOPE, participou da retomada, na qualidade de observador.

São histórias reais, contadas por aqueles que as vivenciaram em sua plenitude, permitindo ao público conhecer, sem qualquer disfarce, tudo o que aconteceu na Retomada do Complexo do Alemão.

SUMÁRIO

1

A MISSÃO

MONTEIRO

Rio de Janeiro, bairro de São Cristóvão, quarta-feira, dia 24 de novembro de 2010, 6:30 da manhã. O dia amanheceu nublado e eu não sabia que o tempo fecharia de vez. Como de costume, logo que acordei, fiz uma oração, pedindo a Deus que protegesse minha família, meus amigos, meus companheiros de Batalhão. Só não sabia que essa oração seria atendida nesse mesmo dia...

Cheguei ao BOPE por volta das 7:30 da manhã. Passando pelos obstáculos colocados para impedir o excesso de velocidade e também qualquer surpresa de um ataque inesperado. Subi a ladeira que conduz ao Batalhão, no bairro das Laranjeiras, próximo ao palácio do Governo do Estado, e ali existe uma placa de advertência que diz: "Seja bem-vindo. Não faça movimentos bruscos".

Ao passar pela guarita, os companheiros que estavam na guarda automaticamente levantaram seus fuzis e gritaram: CAVEIRA! Era o sinal de que meu dia estava começando e eu sabia quem eu era e onde trabalhava como policial militar. Sempre que algum de nós entrava, ou mesmo saía do Batalhão, ouvia-se aquele brado: CAVEIRA!

O BOPE não era um Batalhão convencional, nem os nossos dias de trabalho. Quando o BOPE era acionado, alguma coisa de muito grave havia acontecido e seria necessária a presença de policiais especialmente preparados para situações excepcionais.

Ao chegar à minha seção, me encontrei com a equipe de serviço do dia. Como sempre fazíamos, jogávamos um pouco de conversa fora, tomávamos café, colocávamos o papo em dia, cada um de nós dizendo o que tinha feito durante o período de folga. Alguns trabalhavam diariamente, em horários predeterminados, outros em escala de plantão, permanecendo 24 horas ininterruptas no Batalhão, e descansando 72 horas. Na verdade, nunca ficamos 72 horas em descanso. Isso porque, principalmente com relação às equipes de combate, quando os policiais retornavam ao Batalhão ainda eram submetidos a um período de exercícios físicos para, logo em seguida, serem liberados. Isso era necessário para que se tentasse diminuir o estresse que acompanha a rotina de um combatente do BOPE. Assim, logo após chegar de algum confronto durante a madrugada, ainda praticamos algum tipo de exercício físico, como uma corrida de 5 ou 6 quilômetros, para uma última descarga de adrenalina, a fim de chegarmos bem em nossas residências. Além disso, quando havia necessidade, também éramos acionados a qualquer hora do dia ou da noite, mesmo durante nosso período de descanso.

Nada de anormal havia acontecido naquele dia e estávamos fazendo o levantamento dos locais onde o BOPE faria suas próximas incursões, com a finalidade de apreender drogas e armamentos, cumprir mandados de prisão, prender traficantes perigosos, enfim, nossa equipe estava fazendo o planejamento estratégico das futuras missões.

No horário do almoço, minha equipe se dirigiu ao rancho. Teríamos, como de costume, uma refeição preparada por um dos melhores chefes de cozinha do estado do Rio de Janeiro: nosso querido amigo conhecido como "Baratão". Pelo apelido já dá para entender como era a comida. Na verdade, a comida feita por Baratão não era tão ruim assim. Era uma comida caseira, suficiente para nos dar força durante todo o dia. No cardápio tínhamos o tradicional feijão preto com arroz, uma espécie de carne, que podia ser frango, porco ou boi, salada, macarrão e uma surpresa qualquer a gosto do nosso cozinheiro.

Antes de nos assentarmos para dar início à refeição, fui interpelado pelo nosso subcomandante operacional, à época, Ten.-Cel. René, que me perguntou "Monteiro, quem está de plantão com você na sua seção e qual deles é o mais antigo?" De pronto, respondi "01, estamos em quatro na seção, sendo que eu sou o mais antigo." Chamamos de 01 aquele que está no comando. Pode ser o próprio comandante do Batalhão ou mesmo o mais antigo na nossa equipe, que estará à frente dela.

Saber quem era o mais antigo atendia a uma hierarquia militar. Somente o mais antigo ou o mais graduado podia exercer o comando. Isso fazia parte da cultura militar. Logo após dizer que eu era o mais antigo e o mais graduado, o Ten.-Cel. René pediu para que eu preparasse minha equipe porque estávamos na iminência de apoiar alguns policiais militares, de outro batalhão, que, naquele momento, estavam incursionando no Complexo da Maré, que fica localizado às margens da baía de Guanabara.

Logo em seguida reuni a equipe e pedi que todos se equipassem imediatamente, com coletes, fuzis, pistolas, granadas de efeito moral, faca de combate, lanterna tática, enfim, todo o equipamento necessário se a missão viesse a evoluir para um confronto com os traficantes daquela região, e ficamos aguardando a determinação do comando para que fôssemos apoiar nossos companheiros de farda.

Como todos sabem que, durante um confronto, muitas vezes não temos tempo para nos alimentar, antes de sair fizemos, rapidamente, uma refeição reforçada. Foi o tempo suficiente para que o Ten.-Cel. René voltasse a nos encontrar e anunciasse a mudança dos planos. Agora, o reforço não seria mais no Complexo da Maré, mas sim no Complexo da Vila Cruzeiro, que fica ao lado do Complexo do Alemão.

Quando soubemos da mudança da missão, automaticamente pensamos na possibilidade de um confronto acirrado, pois ali era dominado pela facção conhecida como Comando Vermelho, além de que o Complexo da Vila Cruzeiro era uma comunidade onde o BOPE já havia feito inúmeras incursões, tendo, inclusive, uma baixa, a do Soldado Wilson Sant'anna, cuja foto, sendo arrastado na zona de confronto, já baleado, circulou o mundo inteiro.

Assim, além dos equipamentos tradicionais, todos fomos em busca de munições extras, que foram colocadas em nossas mochilas. O peso total, considerando o armamento por nós utilizado, bem como pelo colete à prova de tiros de fuzil, além das munições extras, girava entre 20 e 25 quilos. Realmente, tínhamos que estar bem preparados fisicamente para podermos nos locomover em terrenos íngremes, escalar muros, subir escadarias, enfim, eram nesses momentos que víamos a importância de nossos cursos, de nossos treinamentos.

Naquela época, os complexos da Vila Cruzeiro e do Alemão eram considerados o "quartel general" do Comando Vermelho, onde, frequentemente, se reuniam os traficantes para deliberarem sobre toda a sorte de crimes, como sequestros, atentados a ônibus, homicídios, extorsões, além dos chamados "bondes", em que os traficantes saíam em comboios de carros, principalmente durante as madrugadas, praticando roubos. Enfim, se a criminalidade pudesse ser comparada a um furacão, aquele seria o seu olho, ou seja, o seu ponto central.

Era um momento em que o povo carioca havia deixado sua alegria de lado. Os traficantes estavam impondo sua política de terror e a cidade estava em pânico. Algo precisava ser feito, com a maior urgência possível. As principais vias de acesso à cidade eram, frequentemente, interditadas por esses traficantes, que interrompiam o trânsito, fazendo com que os ônibus ocupassem todas as vias, ou mesmo parando abruptamente os carros que faziam parte do "bonde", e, a partir daí, procuravam, no trânsito, inicialmente, policiais, a fim de matá-los, além de praticar os roubos costumeiros. Tiros de fuzil eram habituais. Os motoristas viviam apavorados, com medo de serem mortos, mesmo que não houvesse qualquer reação por parte deles.

A crueldade desses traficantes não tinha limites. Não era incomum que matassem algum motorista por puro prazer, simplesmente para demonstrar força para os demais. Normalmente, já drogados, não mediam as consequências de seus atos. Quanto maior a violência, maior a demonstração de seu falso poder. Era assim que tudo funcionava e a cidade vivia amedrontada.

Na madrugada do dia 2 de junho de 2002, o jornalista Tim Lopes, da Rede Globo, foi morto no Complexo da Vila Cruzeiro quando fazia uma reportagem investigativa sobre abuso de menores e tráfico de drogas em um baile funk naquela comunidade. A covardia desses traficantes era tão grande que, mesmo diante de um profissional da imprensa, que estava ali fazendo seu trabalho, e não representava qualquer perigo para eles, resolveram matá-lo da forma mais cruel possível.

O nível de maldade é indescritível. O repórter foi sequestrado, torturado, "julgado" e executado por traficantes liderados por Elias Pereira da Silva, vulgarmente conhecido como Elias Maluco, posteriormente condenado pela Justiça ao cumprimento de uma pena de 28 anos e seis meses de reclusão. Toda a população ficou chocada quando soube das atrocidades praticadas contra Tim Lopes, além de que o ato por eles cometido representava um cerceamento ao exercício da imprensa.

Tim Lopes havia recebido, no ano anterior, o prêmio Esso de Jornalismo, além do Prêmio Líbero Badaró, pelas matérias especiais que realizou investigando o local conhecido como "feira das drogas", que denunciava a ação de traficantes na favela da Grota, que também faz parte do conjunto de favelas do Complexo do Alemão.

Hoje em dia dizem que não é politicamente correto utilizar o nome "favela" para designar esses locais, sendo que o correto seria denominá-las como "comunidades carentes". É muita hipocrisia do governo. Muda-se o rótulo, mas o conteúdo permanece o mesmo. Se querem denominar esses locais de "comunidades", em vez de "favelas", onde o nível de pobreza é extremo, que mudem primeiro a situação da população que vive nesses locais.

Não precisamos ir ao Haiti para entender o conceito de miséria. Basta que um de nós vá ao coração dessas comunidades carentes e veja a situação em que se encontram. São comunidades com mais de 20 mil pessoas, sem qualquer assistência do Estado, que deixa de levar até elas postos de saúde, escolas, lazer, saneamento básico, enfim, direitos constitucionalmente assegurados são deixados de lado por políticos corruptos, que só olham para o próprio umbigo. Desculpe-me pelo desabafo.

Voltando a Tim Lopes, seu corpo ficou desaparecido por algum tempo, sendo que, mais tarde, quando encontrado, estava completamente carbonizado. Os traficantes inventaram uma modalidade cruel para executar suas sentenças de morte, e que denominaram de "micro-ondas". Depois de torturarem suas vítimas por um longo período, divertindo-se com o sofrimento alheio, eles pegavam a última vítima ainda viva e a colocava no meio de vários pneus de caminhão, fazendo com que ficasse imobilizada, permanecendo somente a cabeça de fora. Logo em seguida, com a utilização de um líquido combustível, normalmente gasolina, despejavam uma quantidade suficiente para que ficasse completamente embebida para, após, riscarem o fósforo e atearem fogo ao corpo. Esses traficantes ficavam ali, se regozijando com o sofrimento da vítima, divertindo-se com os demais, demonstrando, com isso, a sua completa falta de sensibilidade.

De acordo com a conclusão do inquérito policial que apurou a morte de Tim Lopes, através de exame de DNA, já que seu corpo estava irreconhecível, permanecendo somente fragmentos de ossos misturados, a perícia demonstrou que, além do repórter, outras três pessoas também haviam sido vítimas desses traficantes e mortas da mesma maneira, vale dizer, carbonizadas. Somente pequenos pedaços de seus corpos puderam ser levados a exame de corpo de delito.

O chefe do tráfico era conhecido como "dono do morro" e agia como se o fosse realmente. O "dono do morro" ditava ordens na comunidade, determinando, muitas vezes, o fechamento do comércio local e adjacências, fazendo com que os comerciantes tivessem prejuízos financeiros incalculáveis, que, em algumas situações, os levavam à falência. Aqueles que não obedeciam ao comando eram punidos pelos traficantes. A inversão de valores era total. Como diz o jargão popular, "se o Estado está ausente, o tráfico se faz presente".

No ano da morte de Tim Lopes, poucos meses depois, vale dizer, em setembro, no dia 30, os traficantes de drogas se mobilizaram e determinaram o fechamento do comércio em 50 bairros da capital do Rio de Janeiro. Em plena segunda-feira, impuseram que escolas e comércio não funcionassem. Isso porque exigiam que um de seus maiores líderes, Luiz Fernando da Costa, o "Fernandinho Beira Mar", voltasse a ter regalias no sistema prisional. Em 2002, quando Fernandinho Beira Mar estava preso na penitenciária Alfredo Tranjan (Bangu 2), organizou uma rebelião que tinha como foco principal matar Ernaldo Pinto Medeiros, o "Uê", um de seus maiores inimigos, pertencente à facção rival Amigos dos Amigos – ADA, formada por ele após sua expulsão do Comando Vermelho.

Era o início do caos. Os criminosos já não se continham em suas comunidades e começaram a espalhar o terror sobre toda a cidade. Pela primeira vez, a zona sul sentia na pele a violência do tráfico de drogas, que obrigou os comerciantes dos bairros de Ipanema e Leblon a fecharem as portas. A notícia se espalhou pelo mundo e a imprensa internacional desaconselhava o turismo na então cidade maravilhosa.

Além da minha equipe, outras foram formadas. O comandante da operação reuniu a tropa e fez o *briefing*, esclarecendo o objetivo da missão. Ao final, depois do nosso grito padrão – CAVEIRA! –, antes de partirmos, pedi a palavra, retirei minha Bíblia da mochila e li uma passagem constante em Provérbios 19:19, que diz:

"O homem de grande ira tende a sofrer o dano; porque, se tu o livrares, virás ainda a fazê-lo de novo".

Em seguida, fiz uma oração dizendo que se fôssemos para aquela missão e lutássemos com dignidade, com honra e com respeito à população que vivia no local, sairíamos dali vitoriosos e nenhum de nossos policiais sofreria baixa, pois Deus estaria no controle de tudo.

A situação exigia um esforço maior. Nosso comboio saiu das Laranjeiras, sede do BOPE, que fica localizado no ponto mais alto da comunidade Tavares Bastos, a primeira a ser pacificada quando o Batalhão foi transferido para aquele lugar, deixando de ocupar um espaço que lhe havia sido reservado no interior do Batalhão de Choque, situado em frente ao Sambódromo do Rio, no centro da cidade. Fomos em direção ao Complexo da Vila Cruzeiro. Eram, aproximadamente, 8 viaturas, além de um veículo blindado, que ficou popularmente conhecido como "caveirão", em função do símbolo do BOPE, vale dizer, uma caveira com um punhal cravado no crânio, além de duas garruchas cruzadas.

Ao contrário do que possa parecer, o símbolo do BOPE não significa morte, mas sim a vitória da vida sobre a morte. Isso tudo começou na

Segunda Guerra Mundial, quando uma equipe de operações especiais inglesa, conhecida como Comandos, que foi criada no início da década de 1940, cujo símbolo era um punhal, conseguiu alcançar o território inimigo e encontrou, dentro de um determinado local, uma caveira, um dos símbolos utilizados pelos nazistas. Imediatamente, ao ver o crânio, que simbolizava, realmente, a morte, um dos combatentes ingleses sacou seu punhal e o cravou na parte de cima do crânio. Com esse gesto, queria dizer que os Comandos ingleses, que representavam a vida, estavam virando o jogo e vencendo a morte, representada pelo regime nazista de Hitler. Assim, a partir daquele momento, o emblema do punhal cravado no crânio passou a ser o símbolo das equipes de operações especiais em todo o mundo, praticamente.

Portanto, não é somente o BOPE que utiliza esse símbolo e tampouco sua utilização é feita para infundir temor. Pelo contrário. Quando alguém avistar um policial trazendo em seu uniforme esse brevê, significa que está diante de um agente altamente preparado e apto a morrer pela defesa dos direitos humanos e não o contrário. Infelizmente, a população, que não conhece a história dessa simbologia, a interpreta de maneira incorreta, atribuindo a esses policiais a pecha de fazerem parte de esquadrões da morte.

Por volta das 15 horas, nosso comboio chegou ao bairro da Penha, onde fica localizado o Complexo da Vila Cruzeiro. Nesse momento já havia confronto entre os traficantes da região e os policiais militares do 16o Batalhão, que precisavam de auxílio, uma vez que se encontravam impossibilitados de sair da comunidade. A troca de tiros era intensa. Os traficantes tinham todo o tipo de armamento, inclusive fuzis com lançadores de granada, próprios para atingir nosso blindado.

Deparamo-nos com uma situação que, para nós, havia se tornado comum: ruas bloqueadas para segurança das pessoas que por ali passavam, ruas de acesso à comunidade interditadas com barricadas construídas pelos traficantes de drogas, centenas de tiros sendo disparados ao mesmo tempo no interior da comunidade, algumas pessoas feridas, dando entrada ao Hospital Getúlio Vargas, que fica localizado em uma das ruas que dá acesso ao Complexo da Vila Cruzeiro, enfim, aquele cenário, infelizmente, já fazia parte da nossa rotina e estávamos habituados a lidar com ele.

Nossa missão, portanto, naquele momento, era entrar naquela comunidade, mesmo sob intenso tiroteio, resgatar os policiais e, se possível, prender os criminosos. Tínhamos que cumpri-la, pois, como é o lema do Batalhão, "missão dada é missão cumprida". Dessa forma, embarcamos no veículo blindado e nos dirigimos ao local onde se encontravam os policiais do 16o Batalhão, que estavam sob confronto intenso entre os traficantes de drogas, e impedidos de sair do local.

À medida que o blindado se aproximava do local, ele recebia vários tiros de fuzil. Éramos alvos fáceis. Felizmente, nenhum rojão fora lançado em direção ao nosso veículo. Caso isso tivesse acontecido, com toda certeza, teríamos morrido. Como de costume, os traficantes fazem barricadas em todos os acessos à comunidade. Isso impede não somente a ação policial, mas impede, por parte do Estado, a prestação de serviços públicos essenciais para que a população possa ter uma vida digna como, por exemplo, o fornecimento de luz, gás, telefone, coleta de lixo etc. Como se sabe, eles não estão preocupados com isso, mas tão somente em proteger aquilo que entendem como seu território. A população, nessa guerra, é a que menos importa.

Durante minha carreira policial, tenho ouvido, de pessoas que não conhecem essa realidade, que os traficantes cumprem uma função social, devido à ausência do Estado. Será que isso é cumprir função social, impedindo que serviços básicos, que deveriam ser fornecidos pelo Estado, cheguem a essa população carente? Será mesmo que os traficantes estão preocupados com o bem-estar da comunidade onde praticam seu comércio ilícito de drogas ou pensam somente em seus próprios prazeres? Será que se importam que pessoas idosas tenham que subir morros à pé, carregando consigo pesadas sacas de compras, já que é impossível o acesso de veículos, devido às barricadas que fazem? Quem pensa que traficante de drogas cumpre função social nunca subiu numa dessas comunidades e desconhece, completamente, o drama vivido por essa população, subjugada a esses criminosos.

Nossa maior preocupação era desembarcar do blindado sob intenso tiroteio, já que, no lugar onde nos encontrávamos, éramos alvos fáceis. A linha de tiro dos traficantes era privilegiada. Tínhamos que subir aquela comunidade. Os traficantes nos olhavam de cima a baixo. Haviam barricadas especialmente preparadas para esses confrontos, feitas de concreto, com espaço suficiente para colocarem seus fuzis, a que denominamos militarmente de seteiras. Eles nos viam, e nós, no entanto, não tínhamos como nos defender, revidando o ataque. Colocavam esses furos, feitos com cano de PVC, onde cabiam exatamente os canos de seus fuzis.

Tínhamos que ultrapassar essa linha de tiro e também os obstáculos, ou seja, as barricadas colocadas pelos traficantes. Para impedir o acesso dos veículos, normalmente, colocavam trilhos de trem, verticalmente, presos ao terreno como se fossem postes. Além disso, colocavam pedras enormes pesando toneladas ou mesmo faziam buracos profundos, impedindo o acesso de veículos. Para essas situações, o BOPE havia adquirido retroescavadeiras. No entanto, o trabalho não era fácil, pois o policial que manejava a máquina ainda ficava na linha de tiro. Isso, contudo, faz parte de nossa profissão e somos treinados para cumprir nossa missão a qualquer custo.

Como não tínhamos, naquele momento, a retroescavadeira para nos auxiliar, fomos obrigados a, nós mesmos, tentar eliminar os obstáculos. Assim, para que os traficantes não vissem nossa movimentação, tivemos a ideia de fazer uma cortina de fumaça, para que pudéssemos desembarcar. Assim, lançamos diversas granadas fumígenas, ou seja, granadas que, quando detonadas, liberam uma quantidade enorme de fumaça colorida, dependendo da cor da granada, que pode ser amarela, preta, vermelha, verde etc.

Lançamos granadas cinzas e vermelhas, que impediram completamente a visão dos traficantes com relação à nossa movimentação. Dessa forma, seguimos em direção ao nosso objetivo, retirando os trilhos que impediam o acesso do blindado.

Uma vez afastado o obstáculo que impedia a projeção do blindado, seguimos em direção ao nosso alvo, que é encontrar os policiais militares que estavam sob intenso tiroteio. Conseguimos chegar ao local exato. Embarcamos os policiais militares no blindado, sendo que nossa equipe permaneceu no local. Os militares foram levados para nossa base e continuamos na troca de tiros.

Nossa missão consistia em: entrar na comunidade, resgatar os policiais e gerenciar a crise. As duas primeiras partes da missão já estavam cumpridas, ou seja, havíamos conseguido entrar naquela comunidade e resgatar os policiais. Faltava, no entanto, a última delas, ou seja, gerenciar a crise criada pelos traficantes de drogas. Tínhamos de prender aqueles que tentaram nos matar, bem como matar os policiais do 16o Batalhão. Essa seria a pior parte, pois sabíamos que eles não se entregariam facilmente. Ainda havia muita coisa pela frente.

1. Ônibus incendiado por ordem de traficantes do Complexo do Alemão e da Penha.

2. Abaixado Sarg. Max. 1a linha em pé da esquerda p/ direita: Sarg. João Carlos, Ferreira, Jesus, André Monteiro, Hélio; 2a em pé Sarg. Silva, Galucio e Grativol.

3.Atirador de precisão do BOPE *(Sniper).*

4. Equipe de demolição do BOPE retirando barricada de pedras.

5. Sarg. André Monteiro.

6. Blindado do BOPE alvejado por diversos disparos dos traficantes.

7. Barricada para impedir a passagem de veículos.

8. Batalhão de Operações Policiais Especiais – BOPE.

9. Placa existente na entrada do BOPE.

10. Da esquerda para a direita – em pé Sarg. André Monteiro; abaixados Sarg. Suzano, Max, Marcos; em pé na 1a linha Sarg. Hélio; Ferreira, Damião, Silva e Grativol; em pé na 3a linha Sarg. Coelho; Da Silva, Jesus, Gláucio.

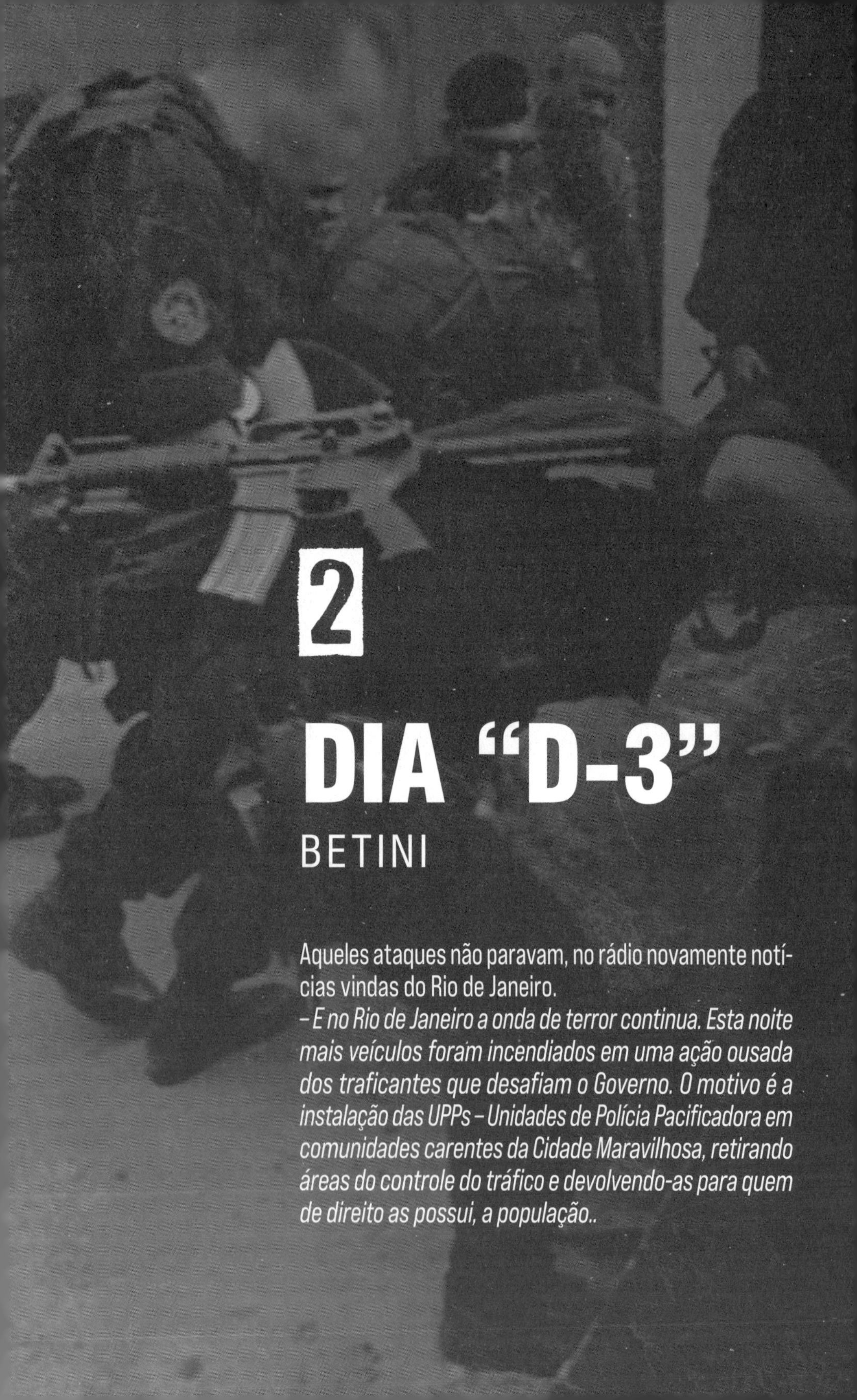

2

DIA "D-3"

BETINI

Aqueles ataques não paravam, no rádio novamente notícias vindas do Rio de Janeiro.

– E no Rio de Janeiro a onda de terror continua. Esta noite mais veículos foram incendiados em uma ação ousada dos traficantes que desafiam o Governo. O motivo é a instalação das UPPs – Unidades de Polícia Pacificadora em comunidades carentes da Cidade Maravilhosa, retirando áreas do controle do tráfico e devolvendo-as para quem de direito as possui, a população..

É brincadeira a ousadia desses caras... – pensei. – Quando o Estado vai dar uma resposta à altura a esse problema?

Imediatamente fiquei com a consciência pesada. Cheguei à conclusão que, como policial, sou um representante do Estado e que não estava fazendo absolutamente nada, a não ser buscar uma situação cada vez mais confortável para mim. Sentia que minha zona de conforto estava tão estreita que qualquer movimento brusco, qualquer corrente de ar me retirava dela e eu, desesperado, buscava novamente o seu abrigo.

Era quinta-feira, dia 25 de novembro de 2010, 7h15min. Como de costume, saio de casa, em direção ao trabalho. O trânsito parece estar cada dia pior. Ou será que sou eu quem está cada vez mais convencional? Trabalhando no mesmo horário que todas as pessoas trabalham. Fazendo tudo do jeito que a maioria das pessoas faz. De repente, eu havia perdido aquele brilho nos olhos, característico daqueles que acreditam no que fazem e possuem. Eu não acreditava mais no que estava fazendo e me sentia muito mal por isso. Mas aonde é que eu havia errado? Eu tinha planejado tudo tão bem. Trabalhei durante pouco mais de dois anos em Corumbá, no Mato Grosso do Sul, atuando, principalmente, na área de entorpecentes, uma das áreas mais operacionais da Polícia Federal. Depois, ingressei no Comando de Operações Táticas, o COT, grupo de operações especiais, em que atuei como atirador de precisão durante seis anos.

A grande quantidade de viagens em missão por todo o país havia sacrificado minha família em vários momentos. Tinha prometido à minha esposa que deixaria de trabalhar nas operações e que passaria a levar uma vida mais tranquila, dando mais atenção a ela e à faculdade de Direito. Afinal, faltava pouco para completar o curso, pois já estava no sétimo semestre. Mais um ano e meio e teria meu título de bacharel em Direito. Era uma conquista tremenda para quem tinha uma vida atribulada como a minha.

No começo de 2010, quando cumpri minha promessa e deixei o COT, fui lotado em um setor administrativo, sem contato com a parte operacional. A promessa de que, após quatro anos no grupo, o policial pode escolher a lotação, não foi cumprida. Fiquei lá por quase cinco meses. Informalmente chamam essa prática de "colocar o policial na geladeira". Deixam-nos lá para "desacelerarmos". Para mim soou mais como uma punição por ter me dedicado durante anos ao trabalho policial-fim, ou seja, aquele grupo de policiais que atuam em operações especiais.

Nunca consegui entender o que realmente aconteceu. Só sei que a mágoa inundou meu coração e agora parecia que as coisas pelas quais havia lutado durante boa parte de minha vida se tratavam de mentiras. Minhas certezas se transformaram em poeira. Nos últimos dias, por outro lado, as coisas pareciam estar melhorando, ou ao menos deveriam estar. Finalmente, após o "longo inverno" de cinco meses, eu havia sido removido para o local em que desejava continuar minha carreira, a CAOP, Coordenação de Aviação Operacional.

Quando cheguei, pedi para ocupar uma vaga no plantão, pois precisava de um tempo para organizar a minha vida e "aquecer novamente as turbinas". E assim foi feito. Finalmente, consegui. Pensei em tudo o que havia vivido, nas operações realizadas, bem como nos cursos a que me submeti. Meu Deus, quanta coisa! Com minha saída das operações, em vários aspectos, minha vida havia melhorado. Eu me alimentava melhor, pois comia nos horários certos e bem. Eu tinha mais tempo para estudar e, consequentemente, a faculdade estava sendo levada com maior facilidade e com melhor aproveitamento. Passava mais tempo com minha esposa. Nosso relacionamento estava melhor e a cumplicidade fazia tudo ficar agradável ao lado dela.

Minha condição física havia melhorado também, pois tinha tempo para treinar intensamente agora, como sempre gostei de fazer. Tinha tudo para estar completamente feliz. No entanto, sentia um enorme vazio no peito. Não sabia onde, mas tinha certeza de que havia errado em algum lugar. Em todo o planejamento que eu fiz, em todas as conjeturas que montei, me esqueci de considerar um pequeno, mas importantíssimo fator: a minha natureza. Estava convicto de que contrariava a minha natureza, mas aquela era uma armadilha que eu mesmo havia preparado para mim e precisava suportá-la. Não havia saída. O melhor a fazer era prosseguir de acordo com o planejamento e esquecer esse "vício" das operações. Afinal de contas, já havia tido várias "vidas" nessa vida. Desempenhei o papel de vários "personagens" e havia chegado a hora de encarnar a representação de um Betini convencional.

Era tempo de "mudar de vida", deixar de lado as operações policiais e iniciar uma nova fase, mais tranquila, sem tanta adrenalina correndo nas veias. De uma hora para outra me veio aquela sensação de que sabia quem eu havia sido e onde eu gostaria de chegar, mas não sabia no que havia me transformado. Onde foi parar o Caveira 149? O aluno 34 do curso de operações especiais do BOPE do Rio de Janeiro? Havia sido tudo uma grande farsa? E "A Forja"? Aquela transformação que eu havia sofrido durante os quase cinco meses em que vivi a experiência mais espetacular de minha vida? Resignado, parti para mais um plantão, colocando de lado todas aquelas questões que deixavam minha mente inquieta e transformavam cada minuto naquele plantão em um verdadeiro suplício.

Era a personificação da contradição. Lembrei-me dos companheiros de turno, do COEsp 2006-I, do nosso lema: *Si vis pacem, para bellum!* "Se queres a paz, prepara-te para a guerra!" Que ironia, fui eu quem escolheu este lema. Onde estariam o 29, o 33, o 13 e os demais irmãos em armas? Senti-me só e impuro, como se estivesse traindo aquela irmandade de guerreiros, contaminado pelo vício do conforto e da segurança. Eu duvidava que eles estivessem como eu, preocupados com sua preciosa "zona de conforto". Fiquei enojado com minha covardia. O que eu havia feito com minha vida? Por que razão havia sofrido tanto em um curso de operações especiais, promovido por um dos batalhões mais respeitados do mundo, e, agora, estava ali, como se nada disso tivesse acontecido? Realmente, estava a um passo da depressão. O velho Betini havia ficado para trás, e um novo, a quem eu não reconhecia, estava tomando conta de mim.

Cheguei ao meu local de trabalho e me encontrei com os companheiros de plantão.

— Bom dia, Cadu.

— Bom dia, Betini.

— Alguma novidade para hoje?

— Nada, tudo tranquilo, como de costume. O jato vai decolar às 9h e haverá um voo de checagem do Bell 412.

Convencional. Seria mais um plantão convencional, como minha vida havia se tornado.

8h30min. Todos os policiais que passam pelo plantão perguntam sobre a situação no Rio de Janeiro. Existe uma grande expectativa a respeito das ações que podem ser tomadas pelas instituições de segurança pública. Os mais empolgados ousam sonhar com o engajamento da CAOP nas ações de apoio às polícias estaduais. Para obter mais informações, deixamos a TV ligada em um canal de notícias e só se falava na mobilização das forças de segurança no Rio de Janeiro. O caos havia tomado conta da cidade e, em menos de 24 horas, mais de 30 veículos eram incendiados pelos criminosos-terroristas. A população clamava, desesperada, por uma intervenção enérgica do Estado. Finalmente, a notícia que todos esperavam:

— *O comando da Polícia Militar acaba de informar que o Batalhão de Operações Especiais irá invadir a Vila Cruzeiro com a ajuda de veículos blindados da Marinha na busca pelos chefes do tráfico que comandaram a onda de terror que assola o Rio de Janeiro.*

Meu sangue ferveu e dei um salto da cadeira. Imediatamente liguei para o 29, Soldado P. Antônio (*in memoriam*) do BOPE, um cara incrível, excelente amigo e um dos maiores guerreiros com quem tive o prazer de conviver.

— E aí, 29? Como estão as coisas por aí?

Então, 34, estamos aqui em um quartel da Marinha recebendo treinamento para utilizarmos os blindados deles. Vamos invadir a Vila Cruzeiro!

— Meu irmão! Boa sorte aí, velho!

— Você vem, 34?

— Vou tentar, parceiro. Boa sorte! Fique com Deus!

— Valeu, 34.

Fiquei perplexo. Havia participado de algumas incursões no Complexo do Alemão no início de 2007, no evento conhecido no meio policial como a "Guerra do Alemão". Nunca mais, desde aquela operação, uma força policial ousou incursionar naquele local. Era o grande reduto do tráfico no Rio de Janeiro, para onde os bandidos mais perigosos iam quando não queriam ser "incomodados" pela polícia. A população, por outro lado, vivia refém do medo. Escravos de um estado paralelo, brutal, criminoso e inescrupuloso. Para os integrantes do nosso turno[1], aquele local representava ainda mais. Foi onde um companheiro de turno, o 21, Soldado Wilson Sant'anna foi morto durante uma incursão do BOPE. Os bandidos estavam abrigados em um *bunker*[2] e atiraram nele através de seteiras.

---

1 Como é chamado, no meio militar, um grupo de alunos de um mesmo curso de operações.

2 Espécie de fortaleza dissimulada no terreno, que serve de ponto para se efetuar disparos abrigado do fogo inimigo.

Alguém falou comigo, mas não ouvi o que era, nem queria ouvir, simplesmente ignorei. Eu não estava bem. Definitivamente, eu estava no lugar errado. O meu lugar não era ali, naquele momento. Durante aquele evento, deveria estar ao lado dos meus irmãos em armas, mas não estava. Fixei o olhar na TV, mas em minha cabeça passava um filme com as cenas dos locais os quais eu conhecia e que, em instantes,seriam novamente o palco de uma importante batalha do bem contra o mal. Lembrei-me da frase de Edmund Burk: "Quando os bons não fazem nada, o mau triunfa". Naquele momento, eu só tinha uma certeza: de que eu não estava fazendo absolutamente nada, então me senti mal. A irritação aumentava a cada segundo. A única coisa que eu poderia fazer era torcer para que tudo desse certo. Na TV, as imagens do comboio, com os carros de combate blindados da Marinha sendo transportados em caminhões em meio ao comboio com as viaturas do BOPE. Alguns minutos mais tarde, as imagens que chocaram o país. Como em um *reality show* macabro, a nação acompanhou as ações das forças de segurança através de uma importante e bem-sucedida cobertura da imprensa. Todos puderam ver a dificuldade do terreno imposta aos policiais e a gama de obstáculos e barreiras montados para impossibilitar a ação da polícia.

A tensão alcançou seu ápice quando as imagens mostraram os carros de combate da Marinha (Clunfs, Piranhas e M113s) destruindo obstáculos e passando por cima de veículos utilizados como barreiras físicas. Helicópteros das polícias civil e militar e policiais civis e militares reforçaram a segurança do perímetro. Ao vivo na TV, imagens do combate encarniçado entre traficantes e policiais. O tempo passou e conseguimos ver o que parecia impossível: as forças de segurança estavam tomando a Vila Cruzeiro e faziam isso sem perder um único homem. O BOPE escrevia a primeira página da nova história das operações policiais no Brasil.

Um repórter perguntou onde estava a Polícia Federal. Perguntou também onde estava o Exército. Em uma explosão de irritação, me levantei da cadeira e gritei:

— Estamos assistindo tudo pela TV! Do conforto de nossas poltronas! Estamos entre as polícias mais bem pagas deste país, mas não estamos fazendo nada! Que vergonha! Tudo isso acontecendo, o mundo todo de olho nesses acontecimentos e nós aqui, fazendo nada! – desabafei.

O dia prosseguia naquela agonia. A TV, o tempo todo ligada, mostrava que havia algo diferente naquele plantão. O BOPE continuava a combater, incansavelmente.

Houve grande comoção social. As pessoas estavam eufóricas, pois, pela primeira vez, puderam acreditar que o problema das áreas dominadas pelo tráfico no Rio de Janeiro teria solução. Estava provado que uma ação integrada entre as polícias, as forças armadas e com o apoio da opinião pública poderia surtir um efeito nunca antes sonhado, e em pouquíssimo tempo. E tudo estava acontecendo de maneira rápida e surpreendente. Na TV, o comandante geral da PMERJ chorou durante uma entrevista coletiva. O Secretário de Segurança do Estado do Rio de Janeiro, um policial federal, pediu o apoio das Forças Armadas, no que foi prontamente atendido pelos seus representantes. As ações deveriam continuar e a próxima área a ser tomada seria o Complexo do Alemão. O Estado não poderia recuar e a ofensiva deveria acontecer o quanto antes. Gelei! Finalmente, aconteceria a "Batalha do Alemão", a pacificação final daquele local e sua devolução para as pessoas de bem. O Superintendente da Polícia Federal do Rio de Janeiro anunciou o apoio às ações. Fiquei aliviado:

— Até que enfim, entramos no circuito! – desabafei.

Aquele plantão prosseguiu da maneira como havia começado, os minutos pareciam nunca terminar. Revezei com o outro colega e dividimos o "toco"[3]. Tive três horas para dormir, mas não consegui pregar os olhos. Eu só pensava em ir para o Rio de Janeiro, eu precisava participar daquele acontecimento histórico, eu precisava contribuir de alguma maneira naquele processo.

3 Como os policiais chamam o revezamento realizado durante os plantões para que, enquanto um descansa, os outros permaneçam em alerta. Outra expressão muito utilizada é "quarto de hora". Um e/ou mais policiais se mantêm alertas no "quarto de hora" enquanto os outros descansam.

1. Operação TNT, realizada pela Polícia Federal, de explosão de pista de pouso clandestina na Ilha do Bananal, Tocantins. Foi minha primeira missão na CAOP, em setembro de 2010, marcando o final do meu afastamento das operações. Ao fundo, o coordenador da operação ajudando nos trabalhos de cobrir e "socar" os explosivos.

2. Auxiliando, juntamente com o operador aerotático da CAOP à época e atual piloto de helicóptero, APF Mohriak, na preparação dos explosivos a serem utilizados na explosão da pista de pouso clandestina durante a Operação TNT, orientado pelo APF Augusto. Ao fundo, o piloto de helicóptero APF Beto carrega os fardos de explosivo

3

4

3. Patrulha do BOPE na qual eu e o 33 (em pé na caçamba) fomos incorporados. A escadaria ao fundo leva até o bunker de onde os traficantes haviam atirado contra o 21, Sd. Wilson Sant'anna, em 2007.

4. Um dos locais de controle do acesso ao Complexo. Negruti e Feitosa (22) mais à frente. Entre ambos e ao fundo o Sd. Padrenosso. Ao fundo, Betini (34), Júnior (33) e Magalhães, entre outros.

3

O RELACIONAMENTO COM A TROPA

GRECO

Sempre fui um apaixonado pela atividade policial. Durante o curso de Direito, meu sonho era realizar concurso para a Polícia. Formei-me em 1985 pela Universidade Estácio de Sá, no Rio de Janeiro. Como naquela época nenhum edital para a Polícia foi aberto, comecei a advogar. Embora gostasse da advocacia, vivia passando sufoco. Os honorários que recebia mal davam para pagar as contas do mês. Assim, após alguns anos tentando sobreviver, resolvi que faria qualquer outro concurso que não fosse o da Polícia.trole do tráfico e devolvendo-as para quem de direito as possui, a população..

Comecei a estudar e a me preparar intensamente. Sabia que ser aprovado em concurso público não era tarefa fácil. Estudava, em média, 12 horas por dia. Em 1989, tive a felicidade de ser aprovado no concurso para ingresso no Ministério Público de Minas Gerais. Imediatamente, me apaixonei pela Instituição, até então desconhecida por mim. Basicamente, desde o meu ingresso no Ministério Público, trabalhei na área penal. Meu sonho, portanto, estava sendo realizado, de uma forma ou de outra.

Já há alguns anos, através de um amigo, fui conhecer o BOPE, no Rio de Janeiro. Naquela época, seu comandante era o Cel. Pinheiro Neto, uma pessoa espetacular. Olhando para o Cel. Pinheiro Neto, percebemos nele a típica imagem de um guerreiro. Era a pessoa certa, exercendo as funções de comandante de um dos batalhões de operações policias especiais mais respeitados do mundo, principalmente em combates urbanos.

Policiais de todas as partes iam ao BOPE aprender com a tropa. Da mesma forma, o BOPE continuava se especializando, enviando seus policiais para conhecer novas técnicas, a fim de adaptá-las às suas necessidades.

Minha amizade com o Cel. Pinheiro Neto permitiu que, a partir daquele encontro, tivesse a honra de começar a ministrar algumas instruções para a tropa.

Da mesma forma, realizei alguns sonhos, recebendo também instruções no Batalhão, aprendendo a atirar com fuzil, pistolas etc.

Naquela época, o Cel. Pinheiro Neto tinha dois subcomandantes. Eram eles o Ten.-Cel. Fábio e o Ten.-Cel. René, que se transformaram, também, em dois grandes e queridos amigos.

Quando o projeto de pacificação das comunidades carentes, no Rio de Janeiro, começou a crescer, fui convidado pelo Ten.-Cel. René a ministrar alguns cursos no Batalhão, principalmente sobre temas ligados aos direitos humanos. Uma das preocupações do BOPE é com o aperfeiçoamento da tropa. Nem todos os policiais são bacharéis em Direito. Assim, não somente a parte técnica, decombate, é importante. A parte doutrinária também tem seu valor. Afinal de contas, o comportamento praticado pelo policial nas ruas poderá ter consequências jurídicas.

Dessa forma, fui inúmeras vezes ao Batalhão e conheci de perto a realidade daqueles policiais, altamente preparados. Numa dessas oportunidades, conheci aquele que se transformaria em um dos meus melhores amigos. Era o Sarg. Monteiro. Identificamo-nos imediatamente, principalmente pelo fato de professarmos a mesma religião. Monteiro passou a ser um daqueles amigos que a Bíblia diz ser mais chegado que um irmão.

Para que eu pudesse entender bem o processo de pacificação e, assim, ministrar corretamente instruções para a tropa, a pedido do Ten.-Cel. René visitei algumas comunidades já pacificadas. Infelizmente, pude perceber nitidamente a ausência do Estado em muitas delas. Pessoas vivendo abaixo da linha de pobreza, em situações terríveis. Esgoto correndo a céu aberto, lixo por toda parte, ausência de escolas, postos de saúde, enfim, lugares onde a população é, literalmente, esquecida.

Foram incontáveis anos sem a efetivação de políticas públicas coerentes. No entanto, nas épocas de eleições, políticos inescrupulosos movimentavam aqueles lugares, com suas promessas ilusórias. Agora, estávamos colhendo o que o Estado havia plantado há muitos anos. Se plantamos esquecimento, colhemos pobreza; se plantamos políticos ruins, colhemos corrupção. É a regra da semeadura, infalível.

Desses meus encontros com a tropa, tantas foram as discussões sobre temas importantes e, muitas vezes, específicos para o policial de operações especiais, que resolvi escrever um manual. Como esse manual ficou maior do que as minhas expectativas, acabou se transformando em um livro, chamado *Atividade policial* – aspectos penais, processuais penais, administrativos e constitucionais. Nesse livro, resolvi convidar alguns policiais especializados em operações especiais para dar sua contribuição. Foi aí que conheci um agente da Polícia Federal, que se transformaria, também, em um outro grande amigo: Eduardo Maia Betini.

Betini, assim como Monteiro, eram, e são, guerreiros natos. A atividade policial pulsava em suas veias. Aprendi muito com eles e ainda aprendo. Passamos a trocar informações e experiências. Essa nossa relação de amizade e confiança me fez experimentar algo que, talvez, muitos que atuam na área penal, como eu, nunca viverão: participar de uma incursão com o BOPE, na condição de observador.

Sempre ao final das preleções que fazia para a tropa, depois de algumas horas, abria-se espaço para as perguntas, o que tornava tudo muito mais interessante. As dúvidas e as experiências dos policiais do BOPE fizeram com que o livro que escrevi ficasse diferenciado de tudo o que já havia sido produzido na área policial.

Para mim, eram histórias inacreditáveis contadas por policiais que combatiam, quase que diariamente, a criminalidade organizada no Rio de Janeiro. A criatividade e a crueldade desses criminosos envolvidos, principalmente, com o tráfico de drogas, não tinham limites. Não tinham pudor de, por exemplo, a fim de conseguir fugir durante uma incursão policial, atirar em alguma pessoa inocente, só para que a polícia tivesse que retardar sua missão, a fim de poder prestar o socorro àquela pessoa ferida.

Ao final de uma das minhas palestras, durante o momento de perguntas, um dos policiais me fez o seguinte questionamento: Mestre, imagine uma situação real, que aconteceu com a minha equipe. Estávamos dentro do blindado, parados no interior de uma determinada comunidade carente. De repente, percebi que uma criança, com aproximadamente 10 anos, vinha em nossa direção, com uma granada na mão. A minha dúvida é: O que eu faço numa situação dessas, já que a criança iria atirar a granada embaixo do blindado?

Naquele momento, todos ficaram aguardando a resposta que daria àquele questionamento que, infelizmente, fazia parte do dia a dia da tropa. Imediatamente, respondi: Se você atirar em direção à criança, evitando que ela arremesse a granada, com certeza, estará atuando em legítima defesa. Logo em seguida, o policial me retrucou: Será que o Ministério Público, que estiver analisando o inquérito policial que será instaurado, a fim de apurar a morte da criança, também entenderá dessa forma, quando vir a foto da perícia, mostrando que ela recebeu um tiro de fuzil?

Nesse instante, a sala quase desabou, com os risos e os comentários de todos. Fiquei num aperto tremendo, pois sabia que a realidade era outra. Analisar um inquérito policial sem ter a experiência desses homens de preto, fica muito complicado. Olhar uma fotografia de uma criança morta com um tiro de fuzil choca qualquer pessoa. O estrago que um tiro de fuzil faz é algo assustador. No entanto, se o policial tivesse atirado nela, estaria agindo em legítima defesa, mesmo sendo uma criança com apenas 10 anos de idade. Infelizmente, essa é uma das muitas situações que esses policiais enfrentam, devido ao nível de insensibilidade dos traficantes de drogas que se valem, inclusive, de crianças e adolescentes.

Eram muitas as experiências de confronto. Cada dia trazia uma surpresa, um fato novo. Também me recordo de um fato, hoje já definitivamente julgado pela Justiça, onde uma patrulha do BOPE estava fazendo uma incursão em outra comunidade carente, quando o ponta dessa patrulha, ou seja, o homem que está à frente dela, ao entrar em um beco, percebeu que alguém, abruptamente, apontou em direção a ele uma submetralhadora. Com a finalidade de se defender, o policial, imediatamente, efetuou o disparo, acertando o suposto agressor. No entanto, ao chegarem próximo ao corpo, os policiais perceberam que não se tratava de um traficante de drogas e que, tampouco, portava qualquer arma de fogo. Era um trabalhador, morador daquela comunidade, que estava pendurando uma cortina em sua sala e, para tanto, estava se utilizando de uma furadeira, muito parecida com uma submetralhadora. Infelizmente, morreu um inocente nessa guerra que precisava ter fim. A situação era extremamente delicada. De um lado, tínhamos um policial do BOPE incursionando numa área que, normalmente, havia confrontos com traficantes de droga fortemente armados; do outro, tínhamos um trabalhador, um homem de bem, que estava ali, tentando dar uma aparência melhor ao seu “barraco”. E agora? Nesse caso, entendeu a Justiça em absolver o policial do BOPE em virtude de ter agido em legítima defesa putativa, ou seja, uma situação de legítima defesa em que o agente atua devido a um erro plenamente justificado pelas circunstâncias.

Esses dois casos retratam somente um pouco do que viviam aqueles policiais, que experimentavam, a todo instante, a violência praticada pelos traficantes de drogas, que passaram a dominar as comunidades carentes existentes no Rio de Janeiro. Alguma coisa tinha que ser feita para mudar esse quadro. Ninguém suportava mais essa situação.

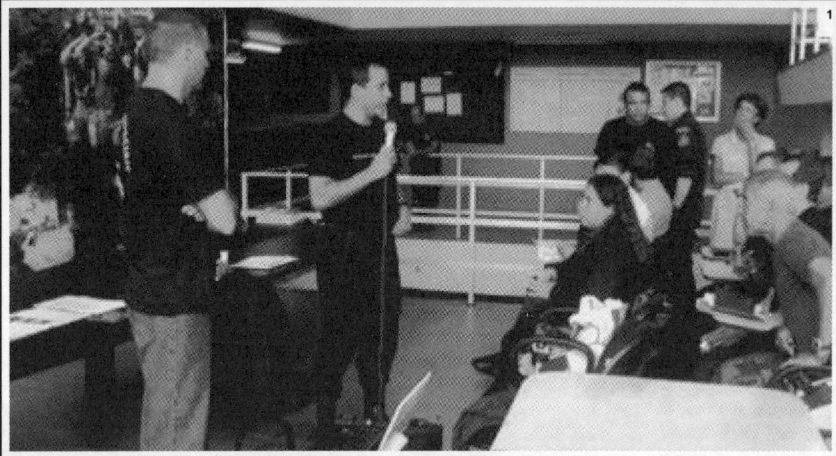

1, 2 e 3. Instrução sobre aspectos jurídicos da atividade policial e direitos humanos no BOPE à época em que o Cel. Paulo Henrique era o comandante, em data próxima à retomada do Complexo do Alemão.

4. Ten.-Cel. René Alonso, um grande amigo e parceiro de muitas discussões jurídicas de interesse da tropa.

5. Ministrando instrução à época em que o Cel. Pinheiro Neto (o primeiro ao fundo do plano) era Comandante do BOPE.

6. O então Cabo e, atualmente, Sarg. Araújo, com quem fiz a primeira amizade no Batalhão e meu primeiro instrutor de tiro.

7. Palestra na Academia da PMRJ. Da esquerda para direita (CB Vitor Pereira, CB Melo, Sarg. Valdeir (*in memoriam*), Sarg. Feitoza e Ten. Novo).

8. Palestra no BOPE.

9. Recebendo o diploma de AMIGO DO BOPE, que tive a honra de ser agraciado por dois anos consecutivos (no primeiro plano, Sarg. Carlos, Ten.-Cel. René, Monteiro e Sarg. Silva).

10

11

12

10. Recebendo instrução com pistola.

11 e **12**. Recebendo instrução de tiro de precisão *(sniper)*, com o Cap. Monteiro.

13. Aguardando a saída do *stand* de tiro na viatura do BOPE.

14. Cel. Pinheiro Neto, um dos grandes amigos que fiz no BOPE.

4

O INÍCIO DA RETOMADA

MONTEIRO

Assim que começamos a troca de tiros, já estando em segurança os policiais militares que foram resgatados, começamos a interceptar, pelo rádio, as comunicações dos traficantes. Normalmente, usam *walk takies* e costumamos buscar suas frequências, uma vez que se comunicam o tempo todo, permitindo que saibamos sobre o que estão conversando.

Naquele momento, diziam freneticamente: "A BOPE está na comunidade". Para os traficantes, o BOPE era uma polícia à parte. Não entendiam o BOPE como parte integrante da Polícia Militar. Assim, quando perceberam que estávamos naquela comunidade, começaram a nos desafiar, falando palavrões, dizendo que não tínhamos coragem para continuar a incursão, que todos nós iríamos morrer, que seríamos torturados se fôssemos pegos etc. Pelo tom de voz dos traficantes, podíamos sentir que estavam preocupados com a nossa presença no local. Embora falassem bravatas o tempo todo, percebíamos a preocupação com o bando, exigindo que não saíssem de suas posições e que resistissem ao combate. Esse comando não seria atendido por eles, pois não conseguiriam resistir ao que viria pela frente. A força do Estado era infinitamente maior do que a força do crime. Um dos maiores erros que a criminalidade pode cometer é desafiar a honra, a determinação e a capacidade dos caveiras em matéria de combate. Eles não tinham ideia do que viria pela frente.

Mantivemos contato com o Ten.-Cel. René e informamos que estávamos dentro do Complexo da Vila Cruzeiro, com os policiais já em segurança, em nossa base. Em nossa conversa, ele nos indagou sobre a situação no local. Em tom de brincadeira, disse a ele: "Coronel, aqui está um mel, tudo tranquilo", pois "campo de guerra para nós é como se fosse um *playground*".

Perguntei a ele qual seria o nosso procedimento a partir dali. Ele respondeu: "Já que estão aí dentro, continuem...". O "continue" era um jargão muito utilizado no BOPE. Quer dizer que, se podemos seguir em frente na missão, alcançando objetivos não previstos inicialmente, mas sempre queridos pela tropa, devemos continuar.

Essa resposta soou como música para nossos ouvidos. Isso porque, como já disse anteriormente, um de nossos guerreiros, o Soldado Wilson Sant'anna, havia sido alvejado e morto pelos traficantes do Complexo da Vila Cruzeiro. Esse fato aconteceu no dia 3 de maio de 2007, quando o BOPE havia incursionado naquela comunidade com a finalidade de prender dois traficantes de drogas que tinham fuzilado, na noite anterior, dois outros policiais militares de outra unidade, que faziam o patrulhamento de rotina no local. Embora nossos coletes fossem à prova de tiro de fuzil, o projétil entrou pela lateral, onde não tinha proteção, o que fez com que o nosso Comandante à época, Cel. Pinheiro Neto, reivindicasse a modificação dos referidos coletes para que houvesse melhor proteção da tropa, o que efetivamente acabou acontecendo.

A sensação da morte, com essa lembrança, era muito presente. Ali era um dos locais mais perigosos da cidade do Rio de Janeiro e os confrontos entre traficantes eram os mais intensos. Contudo, nossa vontade de progredir superava o temor da morte. Tínhamos de aproveitar aquela oportunidade para avançar em um território extremamente perigoso e estratégico para o Comando Vermelho.

Aquele seria o momento ideal para dar uma resposta à sociedade, que vivia um momento tenso, uma vez que tínhamos informações de que os traficantes daquela região eram os responsáveis pelo terror que estava afligindo a cidade do Rio de Janeiro. Inúmeros ônibus foram queimados, sendo que os traficantes, em muitas ocasiões, ateavam fogo sem se preocupar em desocupar os coletivos, levando pânico para as pessoas que voltavam do trabalho. Diariamente, faziam "blitz" com a finalidade de identificar e matar covardemente policiais.

Nossa incursão pelo interior do terreno foi extremamente tensa. Isso porque, como objetivo de dificultar nossa progressão, os traficantes haviam feito vários muros de contenção. Na verdade, nenhum deles fazia nada com suas próprias mãos. Em função do poder do fuzil, ordenavam que trabalhadores, que viviam naquela comunidade, fizessem esse serviço por eles. Caso alguém desobedecesse, a sentença já estava dada: morte no "micro-ondas". Assim, infelizmente, víamos inúmeros trabalhadores, homens e mulheres, adultos e crianças, que não praticavam infrações penais ou atos infracionais, na contingência de prestar serviços para traficantes, sob pena de serem sumária e cruelmente executados.

Além dos muros e casas fortificadas, construídas especialmente para resistir à ação da polícia e darem mais segurança aos traficantes, que delas tinham uma visão privilegiada aos acessos da comunidade, além de terem orifícios (seteiras) criados para que pudessem colocar seus fuzis; os traficantes preparavam armadilhas com granadas, sem falar nas que eram arremessadas diretamente contra as patrulhas policiais.

As armadilhas com granadas eram bem rústicas. A granada possui um pino de segurança, que fixa o que chamamos de capacete, ou seja, uma espécie de mecanismo de acionamento da espoleta, que a detona. Eles retiravam o pino, mantinham a aste ou o capacete pressionado ao corpo da granada por algum objeto, que poderia ser até mesmo uma mochila. Esse objeto deveria chamar a atenção dos policiais. Assim que alguém tocasse nesse objeto, fazendo movimentar o capacete, desprendendo-o da granada, ela era acionada e explodia. Era rudimentar, porém, eficiente. Isso fazia com que tivéssemos cautela redobrada para tocar em qualquer objeto que fosse encontrado pelo caminho.

A patrulha continuava progredindo. O BOPE era conhecido mundialmente pela forma como progredia sua patrulha. Normalmente, é composta por oito homens, sendo o primeiro e o segundo chamados de ponta 1 e ponta 2; o terceiro é o comandante; o quarto é o encarregado das comunicações, permanecendo com o rádio; o quinto é o atirador de precisão, ou *sniper;* o sexto e o sétimo, além de fazerem as seguranças laterais, são encarregados de transportar a munição extra; e o último homem é o que cuida da retaguarda.

Na verdade, a patrulha é um corpo só. A nossa vida está nas mãos de nossos companheiros, como também as deles estão nas nossas mãos. A confiança que temos uns nos outros é absoluta. Cada um de nós é encarregado de uma determinada função, que cumprimos fielmente. Nada pode dar errado. Ninguém pode deixar de fazer aquilo que lhe foi confiado. Tudo isso, no entanto, pode ser modificado durante a incursão, dependendo do que efetivamente ocorra. Assim, por exemplo, o atirador de precisão pode, durante a progressão, tranformar-se em ponta ou mesmo aquele que fazia a retaguarda pode acabar sendo o ponta, em virtude da mudança de trajeto que a patrulha deve assumir. Tudo, no entanto, é feito de forma precisa.

A movimentação da patrulha é perfeita. Nada fica sem ser varrido, observado. Todos os ambientes são analisados. A progressão só pode ocorrer quando houver a mais absoluta segurança. Afinal, é a vida de todos que está em risco. Nessa profissão não existem super-heróis. Um tiro de fuzil tem um poder avassalador. Qualquer lugar do corpo que for atingido, certamente o dano será enorme.

O combate era intenso. De metro em metro, de beco em beco. Contudo, estávamos fazendo com que os traficantes se retraíssem cada vez mais. Mesmo recuando, não paravam de atirar, de oferecer resistência. O barulho dos tiros era ensurdecedor. Nossa sorte é que já estávamos acostumados com ele. Na verdade, sentíamos a falta dele. Esse barulho era nosso companheiro de trabalho. Tanto é verdade que, durante os *briefings*, ou seja, antes de cada missão, enquanto o comandante reunia a tropa, dividia as equipes, determinava os alvos e as missões, algum combatente acionava uma bomba de efeito moral e, quando explodia, todos gritavam: CAVEIRA! Estávamos em casa.

Por mais incrível que isso pudesse parecer, o fato de acionar a bomba, de ouvir a explosão, despertava nos policiais a importância e o perigo de cada missão. Aquela bomba ali acionada era de efeito moral, ou seja, só fazia barulho. No entanto, as outras que seriam lançadas contra a tropa, além do barulho, eram mortais.

Além da nossa segurança, tínhamos preocupação também com a população local. Ao contrário do comportamento dos traficantes, que efetuam disparos mesmo com a presença de crianças, idosos etc., somente revidávamos quando tínhamos a certeza de que os moradores daquela comunidade estavam seguros. A maldade dos traficantes era de tal grandeza que, quando entravam em desespero, como último recurso para conseguirem escapar, atiravam contra os moradores, a fim de que os policiais parassem com a progressão, para que pudessem socorrer aquelas vítimas. A crueldade e a insensibilidade não têm limites. Por isso é que quando assisto alguém na televisão defendendo traficantes de droga, fazendo apologia de criminoso, imputando toda a responsabilidade à sociedade, alegando que eles também têm consciência social, minha vontade é de vomitar. Normalmente, são pessoas ligadas politicamente a determinados grupos, que querem se beneficiar de alguma forma com a exposição na mídia. Muitas delas, inclusive, fazem esses discursos patrocinados pelo próprio tráfico de drogas. Inúmeras pessoas que participam de manifestações nessas comunidades o fazem porque são obrigadas ou, de alguma forma, beneficiadas pelo tráfico.

Ao contrário do que muitos imaginam, quando atuamos pensamos na preservação da vida e da integridade física das pessoas que moram nessas comunidades. Sabemos que são pessoas sofridas, trabalhadoras e que merecem todo o respeito por parte do Estado, a quem representamos. Assim, nosso treinamento é para salvar vidas e não eliminá-las. Infelizmente, se houver um confronto com criminosos, teremos que agir em defesa própria, ou de terceiros e, nesse confronto, somos infinitamente mais bem preparados. É isso que os criminosos devem entender de uma vez por todas. O melhor seria que se entregassem pacificamente. No entanto, confiam no poder de suas armas. Nós, ao contrário, primeiramente, confiamos em Deus, para depois acreditar na força de nossos braços, nas técnicas que, exaustivamente, somos levados a aprender.

Temos, inclusive, uma oração específica para os combatentes das forças especiais, que diz:

"Oh, Poderoso Deus!
Que és o autor da liberdade e o Campeão dos oprimidos,
Escutai a nossa prece!
Nós, os homens das Forças Especiais reconhecemos a nossa dependência no Senhor Na preservação da liberdade humana;
Estejais conosco, quando procurarmos defender os indefesos e libertar os escravizados!
Possamos sempre lembrar que nossa nação, cujo
lema é:
'Ordem e Progresso',
Espera que cumpramos com nosso dever,
Por nós próprios, com HONRA,
E que nunca envergonhemos a nossa fé, nossa nossas famílias ou nossos camaradas,
Dai-nos sabedoria da tua mente,
A coragem de seu coração,
A força de seus braços e a proteção das suas mãos.
É pelo Senhor que nós combatemos
E a ti pertence os louros por nossa vitória
Pois Teu é o Reino, o Poder e a Glória para sempre,
Amém!"

Operações Especiais.

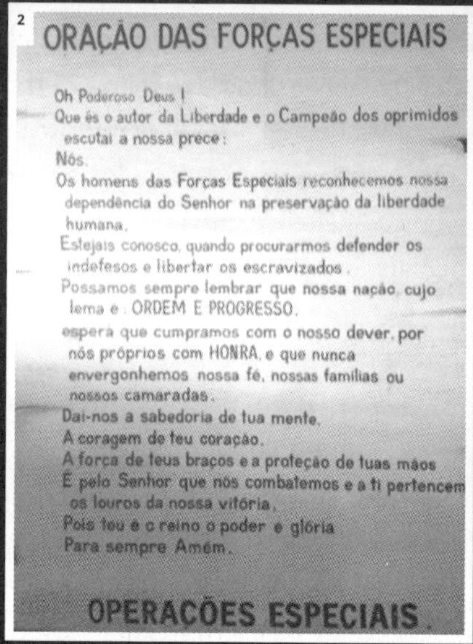

ORAÇÃO DAS FORÇAS ESPECIAIS

Oh Poderoso Deus !
Que és o autor da Liberdade e o Campeão dos oprimidos
escutai a nossa prece:
Nós,
Os homens das Forças Especiais reconhecemos nossa dependência do Senhor na preservação da liberdade humana.
Estejais conosco, quando procurarmos defender os indefesos e libertar os escravizados.
Possamos sempre lembrar que nossa nação, cujo lema é: ORDEM E PROGRESSO,
espera que cumpramos com o nosso dever, por nós próprios com HONRA, e que nunca envergonhemos nossa fé, nossas famílias ou nossos camaradas.
Dai-nos a sabedoria de tua mente,
A coragem de teu coração,
A força de teus braços e a proteção de tuas mãos
É pelo Senhor que nós combatemos e a ti pertencem os louros da nossa vitória,
Pois teu é o reino o poder e glória
Para sempre Amém.

OPERAÇÕES ESPECIAIS.

1. Sd. Wilson Sant'anna, do BOPE, morto na Vila Cruzeiro em 03.05.2007.

2. Oração das forças especiais.

3. Túmulo do Policial Wilson Sant'anna.

4. Viúva do soldado Wilson Sant'anna.

5. Explosão do local de onde partiu o disparo que matou o Policial W. Sant'anna, do BOPE, na Vila Cruzeiro.

6. Sarg. Coelho, Sarg. Silva, Sarg. André Monteiro, Sarg. Damião.

7. Equipe do BOPE em combate na Vila Cruzeiro.

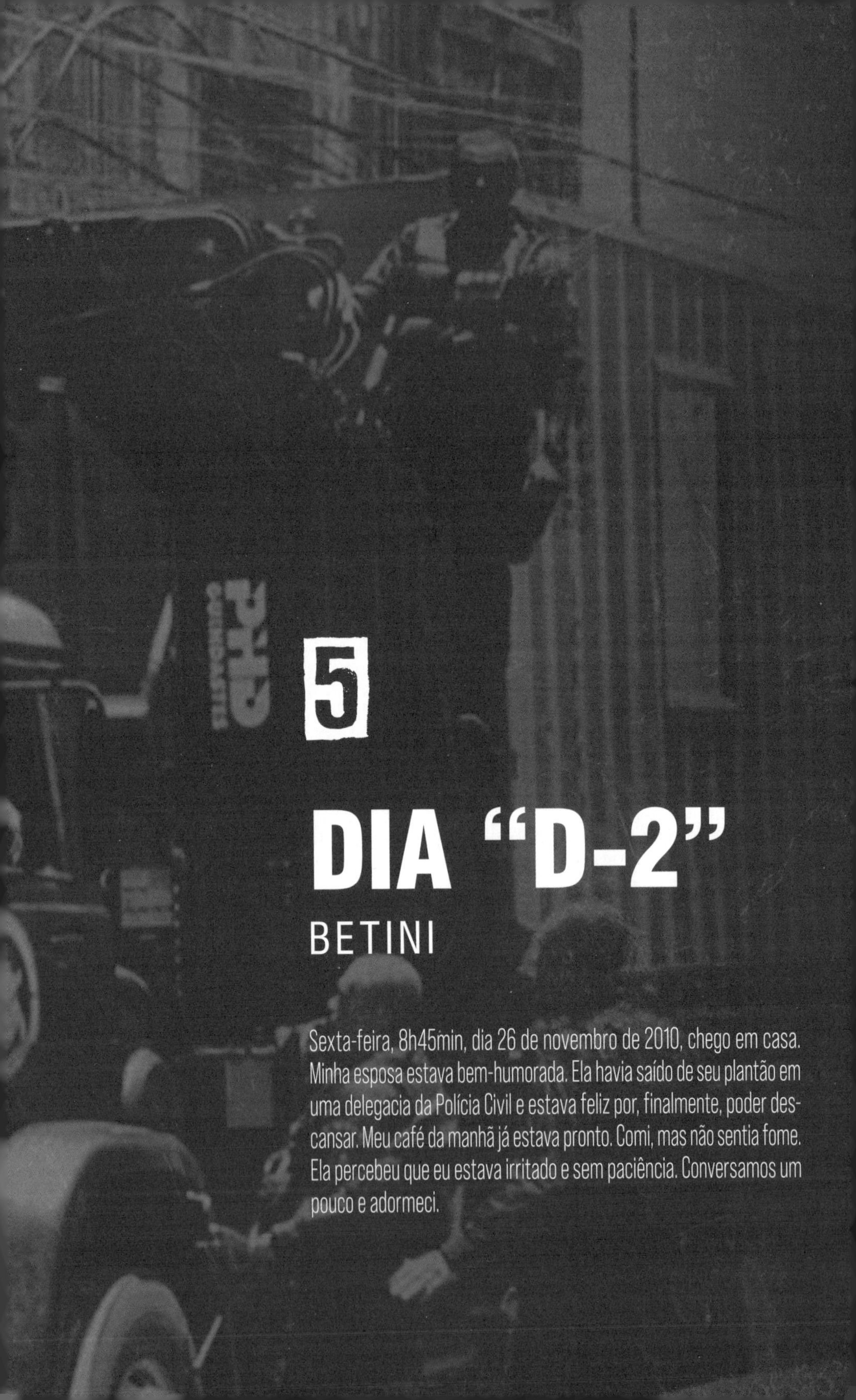

5

DIA "D-2"

BETINI

Sexta-feira, 8h45min, dia 26 de novembro de 2010, chego em casa. Minha esposa estava bem-humorada. Ela havia saído de seu plantão em uma delegacia da Polícia Civil e estava feliz por, finalmente, poder descansar. Meu café da manhã já estava pronto. Comi, mas não sentia fome. Ela percebeu que eu estava irritado e sem paciência. Conversamos um pouco e adormeci.

9h45min. Um amigo da Polícia Militar do Distrito Federal, o Farias, que também havia concluído o COEsp (Curso de Operações Especiais Policiais) no BOPE/RJ, me liga:

– E aí, 34, vamos para o Rio de Janeiro?

– Cara, estou com vontade. Na verdade, estou agoniado aqui, assistindo a isso tudo!

– Eu também, 34! Tenho que dar um jeito de ir. Os caras vão invadir o Alemão!

Desliguei o telefone e não consegui dormir. Logo me ligam outros dois policiais federais, o Bunn, que havia concluído o CAT (Curso de Ações Táticas), do BOPE/RJ, e o Arlotta, que concluiu o curso da CORE/PCERJ (Coordenadoria de Recursos Especiais da Polícia Civil do Rio de Janeiro). Ambos estavam na mesma situação.

Troquei de roupa e fui para a academia, na tentativa de levar um dia como os outros. Eu precisava esquecer aquilo! Eu não poderia participar, então não podia ficar pensando mais nisso. Era muita tortura. Minha esposa percebeu que eu não estava bem.

– Eduardo, vê se não vai aprontar. Fica calmo!

Na academia, não consegui treinar. Eram várias televisões ligadas em diversos canais e todos falavam sobre o mesmo assunto: a iminência da invasão ao Complexo do Alemão e o clamor social para que isso ocorresse. Voltei para casa.

Meio-dia. Já em casa, recebi uma ligação que mudou a orientação de minhas ações.

– Alô. Fala, 13! – era o sargento Pedrão. Tive a honra de participar do mesmo COEsp. O Pedro Nunes ou, simplesmente Pedrão, é considerado um dos mais completos homens de operações especiais do Brasil. Como pessoas, precisamos de boas referências, de modelos a serem seguidos e confesso que, em relação ao que é ser um legítimo operações especiais, o Pedrão é essa referência para mim.

– 34, faltou você aqui ontem!

– Pois é, 13! Aconteceu tudo muito rápido. Não pude ir.

Mas eu estava com vocês de coração.

– É mesmo 34, ninguém esperava. E para invasão do Complexo? Você vem ou não vem?

– Vou tentar ir sim, 13. Vou tentar...

Desliguei o telefone e fiquei alguns instantes pensando, imóvel, sentado em frente ao computador. Minha esposa entrou no escritório e ficou me observando.

– Eduardo, tente esquecer isso.

– Não consigo! Eu vou! Ela começou a rir.

– Eu sabia.

– Vou comprar minha passagem.

Imediatamente acessei um site na tentativa de comprar passagem para o primeiro voo com destino ao Rio de Janeiro. Peguei o telefone e liguei para meu chefe imediato na época, o delegado Afonso, chefe do SOAR (Serviço de Operações Aéreas) da CAOP, um dos caras mais astutos e operacionais com quem já tive a oportunidade de trabalhar. Policial por vocação, ele percebeu a chance de engajar uma equipe completa da CAOP na missão e de desenvolver seu maior talento em relação às operações especiais: o planejamento seguido do comando e controle das ações (C2), a partir da minha atuação vinculada ao BOPE e à Superintendência da Polícia Federal do Rio de Janeiro. Eu iria na primeira oportunidade e criaria as condições para que o restante da equipe, incluindo ele próprio, fosse na sequência. O plano deu certo.

– Chefe, está acontecendo um monte de coisas no Rio. Preciso ir para lá. Vou comprar minha passagem. Volto na segunda-feira para o meu próximo plantão.

– Betini, se você quer ir para o Rio, você vai, mas vai oficialmente. Isso é trabalho e sempre que alguém quiser trabalhar, darei todo apoio. O jato está saindo em 20 minutos para levar o pessoal do COT para o Rio. Já haviam solicitado sua presença por lá. Você está com suas coisas prontas?

– Sempre!

– Então corre. Você tem 19 minutos.

Olhei para minha esposa e falei que estava indo para o Rio. – Arrume minha bolsa de viagem. Coloque roupas para

três dias, rápido, por favor!

Em pouco mais de 5 minutos, ela havia arrumado minha bolsa. Pegou algumas barras de cereal e colocou junto às minhas coisas. Peguei minha mochila de operações urbanas e saí. Ela sorriu:

– Eita caveira maluco! Se não for corre o risco de ter um enfarte! Confio em você. Boa sorte!

Com um beijo, se despediu. Entrei no carro e saí o mais rápido que pude. No hangar da PF, os colegas da CAOP me aguardavam com o equipamento preparado. Já haviam municiado os carregadores de um HK G36 KV, separado um colete com placas de cerâmica nível IV e dois rádios, um Tetrapol e um VHF. O restante do equipamento estava em minha mochila de operações. Em pouco mais de 20 minutos, o jato decolou rumo ao Rio de Janeiro e eu me sentia aliviado. Pela primeira vez, em dois dias, consegui relaxar um pouco.

16 horas. Apresento-me ao Superintendente Regional da PF no Rio de Janeiro. Ele me informou que eu estava sendo cedido ao BOPE e que operaria em uma patrulha do Batalhão a partir do dia seguinte, no sábado. Era tudo o que eu mais queria. Ficou patente a disposição do Diretor Executivo e do DRCOR no sentido de que eu atuasse dessa forma. Mas antes eu precisaria auxiliar na infiltração de alguns colegas da Polícia Federal que estavam trabalhando na segurança aos acessos do Complexo.

Recebi as orientações a respeito da operação e me foi determinado que partisse imediatamente ao Complexo do Alemão em um comboio da PF, que faria a rendição das equipes que já estavam posicionadas na contenção das vias de acesso das favelas. Equipei-me e fui para a sala de *briefing*. Montamos o comboio e partimos para o local. Havia grande expectativa de ataque.

Dito e feito. Conforme avançávamos pela avenida Itaóca e rua Joaquim Queiroz, nossas viaturas sofriam constantes ataques a tiros, que, por sorte, nunca nos acertaram. Após as trocas das equipes, retornamos à base. Fiz contato com os colegas do BOPE e fui informado que a saída do Batalhão em direção ao 16o Batalhão de Olaria, o local onde foi montado o centro operacional da operação, seria às 8h da manhã de sábado. Ao chegar ao Batalhão, fui recebido com entusiasmo pelos companheiros.

– 34, seu caveira maldito! Não poderia ficar fora desta, né, 34! Bom te ver aqui, amigo! – disse um policial do Batalhão que havia sido meu instrutor no curso de Caveira, quatro anos atrás.

Apresentei-me ao Ten.-Cel. Fábio, Subcomandante do Batalhão, dizendo que estava pronto para trabalhar com a tropa.

– Excelente, 34! Vamos somar fileiras! Bom ter você aqui.

Finalmente, eu estava onde deveria estar. Fui tomado de uma sensação indescritível de leveza, um misto de felicidade e paz de espírito, difícil de explicar. Embarquei na caçamba de uma das viaturas do BOPE, onde estavam o 13 e o 22 (Soldado Feitosa) do meu turno.

– Ehh... o 34 também é caçambeiro! – disse o 22.

Essa é uma alusão aos policiais que preferem ficar na caçamba das viaturas. São caminhonetes pintadas de preto fosco, padrão BOPE, equipadas com gaiolas no estilo das que a Polícia Federal mexicana adota. Geralmente, vão quatro policiais embarcados na cabine e o restante fica na parte da carroceria. Estes são chamados de "caçambeiros". Logo, o comboio saiu da APA[1] São José e ganhou as charmosas ruas do parque Guinle.

Eu já havia participado daqueles comboios do BOPE em várias situações. Lembro-me, certa vez, que, enquanto nos dirigíamos para uma ação no morro Dona Marta, em Botafogo, no ano de 2006, um senhor que aparentava 60 anos de idade e passeava com seu cãozinho, ficou incomodado, praguejando contra nossa equipe, que estava embarcada no veículo blindado. Aquilo havia me incomodado muito, ser hostilizado gratuitamente, simplesmente por estar atuando como um policial do BOPE. Mas agora, como que por mágica, tudo estava muito diferente. As pessoas que passavam por nós, nos carros, faziam um movimento com o punho serrado, apontado para cima, desejando-nos força.

Quando estávamos parados em algum semáforo, recebíamos palavras de incentivo e elogios da população. Tudo aquilo era novo para mim. Já havia experimentado algo parecido nas ações da Polícia Federal, quando atuei em locais distantes, geralmente desamparados pelos organismos de segurança, como as pequenas cidades do interior do Nordeste assoladas pelo "Novo Cangaço" (quadrilhas de assalto a bancos que aterrorizam o interior de estados das regiões Norte, Nordeste e Centro-Oeste do país). Ou mesmo em ações onde prendíamos políticos corruptos e livrávamos algum estado ou

1 Área de Preservação Ambiental São José. É o local onde fica o BOPE, no bairro das Laranjeiras, entre o parque Guinle e a favela Tavares Bastos. No local, uma montanha coberta com floresta natural foi iniciada a construção de um hotel de luxo. A obra foi embargada por questões ambientais e o local foi cedido para que se tornasse a sede do Batalhão do Vale dos Ossos Secos.

município do jugo daquelas pessoas. Mas na condição de um integrante do BOPE, atuando como eles, eu nunca havia recebido sequer uma demonstração de carinho ou apreço pela população. Foi a primeira vez.

Senti-me bem e fiquei feliz porque percebi que aquele era um momento histórico e que aquela aproximação, mesmo que tardia, proporcionaria ganhos futuros incalculáveis, na medida em que resgataria a auto-estima dos policiais e estimularia a adoção de um comportamento mais amigável diante da população. Era o reforço positivo, tão essencial para estimular as posturas desejáveis.

9h15min. À medida que a equipe se aproximava do 16o Batalhão, eu percebia que muita coisa havia mudado no Rio de Janeiro. Minha última estada na cidade havia sido há menos de dois meses, mas a transformação que eu estava vivenciando aparentava ter sido fruto de décadas de mudança. Na região do Complexo do Alemão, a população intensificou as demonstrações de apoio. Nas ruas haviam policiais e militares de diversas instituições, todos convivendo naquele caldeirão onde as transformações sociais eram preparadas, como que em um ritual de alquimia, no qual o catalisador era a disposição guerreira de um pequeno grupo de policiais ao qual eu acabara de me incorporar.

Veículos blindados da Marinha do Brasil eram movimentados em um espetáculo observado a poucos metros por uma população que, finalmente, conheceria o verdadeiro poder do Estado e para a qual seria apresentado o conceito do Estado Democrático de Direito. Mas não sem as agruras do combate. Antes de devolver o Complexo do Alemão para os mais de 400 mil habitantes, as forças de segurança precisariam extirpar do tecido social aquele mal denominado tráfico de drogas, ao menos seu poder bélico deveria ser reduzido de forma a prostrar seu ímpeto criminoso de joelhos diante das forças de segurança.

Como sabemos, fuzis não são combatidos com flores. Carros de combate M113 equipados com metralhadoras calibre .50 dividiam o trânsito com automóveis de passeio.

Em frente à padaria da rua principal, os Fuzileiros Navais estacionaram um poderoso CLUNF anfíbio. Na entrada do 16o BPM estavam os "Piranha", que em breve eu conheceria muito bem.

9h30min. Chegamos ao 16o BPM, finalmente. O Batalhão parecia uma fortificação de campanha. Viaturas da Polícia Civil dividiam espaço com os veículos blindados da Polícia Militar. No campo de futebol, que fica ao lado da Companhia de Cães, quatro helicópteros se espremiam, dois esquilos do GAM2, um esquilo da Polícia Civil e o imponente *Bell Huey* blindado da Polícia Civil, conhecido como "Caveirão do ar". Embaixo de uma figueira, ao lado do pátio de estacionamento principal, estava um ônibus da PMERJ, onde foi montado o Centro de Comando Operacional. A movimentação de viaturas era frenética e percebia-se no ar a excitação dos policiais em geral.

10h30min. O Ten.-Cel. Fábio adianta que haverá a operação, provavelmente no dia seguinte. Um cabo da equipe Delta me convidou para ir até a Vila Cruzeiro, onde sua equipe mantinha uma posição na ocupação. Embarcamos em outra viatura e partimos imediatamente. Eu estava ansioso por conhecer aquele ambiente operacional. Algum tempo antes, eu tinha ouvido a respeito de quão inexpugnável se tornara o Complexo do Alemão e a Vila Cruzeiro, desde minha última visita àquele local, em 2007, quando da morte do "21".

Menos de dez minutos após nossa saída do 16o BPM, já estávamos inseridos em uma zona de guerra. Nas estreitas ruas da Vila Cruzeiro, as imagens do caos. Motos queimadas por todos os lados, veículos incendiados, postes destruídos, barricadas de concreto e grandes blocos de rochas ainda obstruíam algumas vias de acesso. Em um cruzamento, restos do que um dia foi um carro, esmagado por um tanque de guerra. Eram imagens surreais que contrastavam com o imaginário coletivo da cidade maravilhosa e sua exuberância. Porém, apesar de tudo, o lugar parecia mais leve do que havia sido em um passado recente. Funcionários da COMLURB (Companhia de Limpeza Urbana) e da Light (Empresa de Energia Elétrica) dividiam as ruas com os responsáveis por organizar a vida da comunidade novamente. A luz estava sendo restituída, postes estavam sendo recolocados, transformadores de energia danificados e perfurados por tiros de fuzis estavam sendo trocados por novos, motos e veículos roubados eram guinchados para fora da favela e as carcaças incineradas de automóveis eram retiradas juntamente com o que sobrou dos que foram utilizados para bloquear ruas e becos. O policial ao meu lado, na caçamba, apontou para um restaurante:

---

2 Grupamento Aéreo Marítimo da Polícia Militar do Estado do Rio de Janeiro.

– Ali, 34. Aquele era o restaurante dos vagabundos, eles "meteram o pé" e os moradores levaram tudo, freezers, geladeiras, mercadorias, tudo. Tomaram de volta o que o tráfico tirou deles durante esses anos todos. Foi maneiro!

Nas ruas, quando passávamos em frente às casas até pouco tempo utilizadas pelos traficantes, não era raro observar algum morador levando uma pia, um vaso sanitário ou qualquer outro item, tomado dos antigos tiranos, algozes de anos a fio que agora não possuíam poder algum sobre aquelas almas.

Em um dia, eram a personificação do poder, no outro, não passavam de "ratos no esgoto", apavorados e em fuga do destino certo daqueles que ficaram: a prisão ou a morte. Achei engraçado. Confesso que foi reconfortante presenciar aquilo. Chegamos até um ponto de onde não poderíamos prosseguir de viatura. Desembarcamos e seguimos a pé. A subida íngreme fez com que parássemos de conversar. Toda energia era direcionada para a penosa tarefa de continuar caminhando. Imaginei como deve ter sido difícil para os policiais tomar aquele pedaço de terra debaixo de uma chuva de chumbo.

Passo após passo, prosseguíamos naquela procissão, rumo ao local conhecido por "Pedreira". Logo, em uma esquina, encontramos uma patrulha do BOPE. Paramos para conversar um pouco. Um deles logo se aproximou com um refrigerante que havia comprado em uma "birosca", um pequeno barzinho que vende, entre outras quinquilharias, cerveja e refrigerante. Revi alguns "bopianos". A reação deles era geralmente a mesma, começavam a dar risada e perguntavam do 33. Ele foi meu "canga" de curso. Nos cursos de operações é proibido, na maioria das situações, que o aluno execute qualquer tarefa do dia a dia sozinho. Para tanto, sempre existe o "canga", que é aquele companheiro que sempre está presente. Por exemplo, quando os alunos estão na denominada "área verde", o local definido como área de descanso, na gíria militar, local de "refrigera e paz", para que um possa se deslocar até a latrina, geralmente um buraco cavado a certa distância do acampamento, para defecar, é obrigatório que o "canga"[3] o acompanhe, de modo a se evitar que qualquer ação seja executada sem que estejam presentes, no mínimo, dois alunos.

3 Pedaço de madeira que une o chamado boi sinuelo, geralmente um animal que é adestrado para conduzir os outros animais, ao gado que será conduzido. A canga mantém ambos unidos o tempo

Não é a toa que se ensina que a menor fração de patrulha são dois homens. Portanto, para tudo o que se for fazer, busca-se a atuação de, no mínimo, uma dupla. Lógico que durante o curso existem as fases em que se busca a individualidade e a capacidade de executar tarefas isoladamente, uma importante característica de um operações especiais, mas no curso do BOPE a regra é a atuação em equipe. O 33 era mais velho, havia feito o curso com a idade de 37 anos. Naquele momento, estava com 41. Após terminarmos o caveira, em 2006, fizemos juntos o curso do GEO da Polícia Nacional Espanhola, em 2007. Ficamos quase dois meses em Guadalajara, cidade próxima a Madri. No ano seguinte, o 33 havia feito o renomado curso "Comando Jungla", na Colômbia, e em 2009 fez o curso do DEA4,nos Estados Unidos. Naquela época, com 15 anos de polícia, o 33 trabalhava da CGPRE (Coordenação Geral de Prevenção e Repressão a Entorpecentes), localizada no Edifício Sede, em Brasília. Havíamos trabalhado juntos no COT, durante, aproximadamente, três anos. Um dos melhores policiais com quem já trabalhei, possuía uma resistência psicológica impressionante. Durante o COEsp, o Coordenador do curso o havia apelidado de "Gambá Velho", por conta da sua fisionomia cansada, aparentando ser mais velho do que realmente era. Com o tempo, o apelido foi simplificado somente para "Velho". Fisicamente, ele não possuía qualquer atributo que o diferenciasse das outras pessoas. Aliás, muito pelo contrário. Não se tratava de uma pessoa com uma compleição física forte.

Nesses cursos, costumamos dizer que os primeiros a pedirem para sair são os atletas, os próximos são os intelectuais. Caso você tenha a característica de teorizar demais ou necessidade de buscar justificativas para as questões práticas da vida, é um sério candidato a não concluir um curso como esse. No caso dos atletas, o que complica a vida num curso de operações especiais é que possuem o metabolismo acelerado, consumindo muitos nutrientes que, nem sempre, são disponibilizados para o aluno em curso. Além disso, a ausência de gorduras extras como reserva de energia e proteção contra o frio provoca desconforto a mais nos momentos de privação no curso. Os atletas possuem ainda um forte

---

todo. Por isso, diz-se que um animal é o canga do outro. A denominação levada para a situação do curso significa que o canga está sempre unido ao companheiro.

4 *Drugs Enforcement Administration* é a polícia federal de repressão a entorpecentes norte-americana.

sentido de autopreservação, que contrasta com algumas necessidades dos cursos de operações. O quesito rusticidade é essencial para os que desejam ir até o fim. E nesse ponto nunca conheci ninguém melhor do que o 33. Eu costumava dizer que ele era como um pato. O pato não voa bem, não nada bem, nem corre bem. Contudo, o pato voa, corre e nada. O 33 era como um pato, fazia tudo o que era necessário fazer. A única coisa em que ele era realmente muito acima da média era no tiro, era um excelente atirador. Em várias situações, durante o curso, quando eu estava fadigado e pensava em desistir, ele deixava claro que aquela não era uma opção.

– Meu irmão, vamos até a morte. Só saio daqui morto e você só sai se eu estiver morto também. Esquece isso!

Como éramos os primeiros policiais federais candidatos a concluir o curso, a carga imposta a nós foi pesada, como haveria de ser. Precisávamos provar nosso valor e isso foi bom, mas doloroso. Outros haviam tentado o curso antes de nós, mas nenhum passou da semana administrativa, a chamada semana zero. A responsabilidade era enorme e sabíamos disso. O desejo do 33 pelo curso remetia à sua própria história de vida. Seu pai, um militar das Forças Especiais do Exército Brasileiro, havia morrido de câncer anos antes. O sonho do velho guerreiro, contudo, não havia se concretizado: ver um filho se tornar um "operações especiais", um caveira. Paraquedista, com curso de Comandos e de Forças Especiais, o pai teria ficado orgulhoso de ter presenciado a formatura do filho, naquele 18 de outubro de 2006. De qualquer maneira, a sua mãe estava presente, como em todas as outras fases de sua vida. Ela havia sido atriz de teatro. Uma senhora educada e polida, ensinou ao filho música e artes. Dela, ele havia herdado o gosto pela música clássica, sobretudo pelas óperas e pela leitura.

Ultimamente, não estávamos tendo muito contato. Mas a afinidade continuava a mesma. O 33 é daqueles caras que posso passar vários anos sem falar que, quando nos encontramos, parece que nunca ficamos um dia sem conversar. Nossa afinidade vai além de qualquer palavra dita, é um vínculo de vida e morte moldado nas forjas do sofrimento, da dor e da luta pela sobrevivência. Senti falta dele, afinal de contas aquele era seu ambiente e ele deveria estar ali. Ademais, eu sabia que em momentos de crise, ele era uma companhia desejável, um dos melhores caras que conheço para estar ao seu lado se as coisas ficarem realmente ruins. Fiquei preocupado com ele. Onde estaria o 33?

Eu sabia que, como eu, ele faria o possível para estar no Rio de Janeiro.

Continuamos a subir. Nas ruas, as pessoas tentavam restabelecer a normalidade. Limpavam as casas, lavavam as calçadas e juntavam o lixo em grandes montes, para facilitar o trabalho dos profissionais da COMLURB. Aqueles que haviam deixado a favela, fugindo da "zona quente", voltavam para suas casas. Mais uns dez minutos e chegamos até uma outra patrulha do BOPE. Mal havia começado e eu já estava exausto. É impressionante o que a combinação do peso dos equipamentos, do terreno íngreme e do calor faz com nosso organismo.

O grupo, na realidade, consistia nos outros integrantes da patrulha Delta que estavam "batendo uma casa"5. Aquilo foi surreal. Eram quatro andares, que abrigavam três quartos luxuosos, duas salas equipadas com TV de 52 polegadas, aparelhos de som de última geração, sofás de couro e duas cozinhas. Até uma chopeira integrava o ambiente, decorado com objetos de valor desproporcional em relação ao local onde a casa estava: uma das favelas mais pobres do Rio de Janeiro.

– Olha só, 34! É a casa do "Mimi", um dos gerentes das bocas da Vila Cruzeiro. Meteu o pé! Fugiu.

Na sala, dois policiais descansavam deitados no sofá de couro branco. Fiquei com vergonha de chegar somente naquele momento e ver aqueles caras naquela condição. Estavam muito cansados e abatidos. Afinal de contas, já era o terceiro dia, sem descanso. Do lado de fora da casa havia uma aglomeração de moradores, curiosos em ver que os "donos do morro" não mais exerciam qualquer poder sobre suas vidas. A tirania do tráfico havia acabado e o Comando Vermelho sofrera um poderoso golpe em sua estrutura.

Procurávamos esconderijos nas paredes, dentro dos móveis e no piso da casa. Após pouco mais de uma hora, o comandante da patrulha determinou o "reagrupar". Imediatamente, a ordem foi passada, cômodo a cômodo, e os policiais passaram a se agrupar no térreo. Do outro lado da rua, uma repórter registrava as primeiras horas nas ruas da Vila Cruzeiro, após a libertação.

Foi feita a contagem dos integrantes da patrulha, tomando-se o devido cuidado de somar-se aos antigos integrantes a minha presença. Estavam todos ali. O comandante da patrulha dá a ordem de prosseguir no vasculhamento

---

5 Trata-se do procedimento de varredura e vasculhamento de casas pelos policiais, na busca por armas, drogas, munições e somas em dinheiro que evidenciem ações dos traficantes.

das outras casas. Os moradores continuam a observar, curiosos, cada passo nosso. Após alguns metros de deslocamento, ele vira-se e fala para eles:

– Peguem o que quiserem!

Como uma onda, aquela massa de moradores se espreme na entrada da casa. Assisto a tudo atônito, jamais pensei ver algo como aquilo em vida. Continuei andando, rua acima, vendo aquela cena por cima dos ombros. Em instantes, as pessoas começam a sair da casa do traficante levando o que podiam carregar. Roupas, eletrodomésticos, brinquedos e etc.

Em poucos minutos, tudo o que era móvel saiu de dentro da casa. Começaram a se ouvir batidas e, em instantes, um homem saiu carregando uma pia nas costas. Em seu rosto, um sorriso meio sarcástico denunciava que, muito mais do que feliz em, finalmente, ter uma pia em sua casa, era a sensação de vingança em retirar algo daqueles que, por anos a fio, haviam retirado dele a condição de ser humano, relegando-o a uma situação humilhante de "vida de gado".

Um garotinho se espremia entre as pernas das pessoas que ainda tentavam entrar na casa, já destruída. Ele se contorcia, na tentativa de sair daquele local, levando consigo seu maior troféu: uma bola de futebol. Finalmente, o garoto de, no máximo, oito anos de idade, conseguiu e passou em disparada por nós, gritando:

– Mãe! Mãe! Ganhei uma bola!

Ele olhou para os policiais e percebeu o espanto em nossos rostos. Simplesmente não conseguíamos entender como um garoto poderia ficar tão feliz com uma simples bola de futebol (se bem que era uma bola de couro, muito bonita). E gritou:

– Eu nunca tive uma bola!

Em poucos segundos, ele sumiu em um beco. Ainda podíamos ouvir seus berros de felicidade.

1. Patrulha da saudade na manhã após o pernoite na base do teleférico ainda em construção, no Morrão. Da esquerda para a direita, Sarg. Serrão, Sarg. Jorge Luis – Negrute (*in memoriam*), Junior, Betini e Valdeir (*in memoriam*).

2. Betini e Serrão na região do Largo do Coqueiro, no Complexo do Alemão.

3. Veículo blindado M113 da Marinha do Brasil, utilizado pelas patrulhas do BOPE para incursionar no Complexo do Alemão.

4. Policiais do BOPE embarcam no “Caveirão”, com sua retaguarda protegida pelo experiente Sarg. Jorge Luis – Negrute (*in memoriam*).

5. Equipe de demolição do BOPE.

6. Cemitério dos alunos que pedem para sair do curso do BOPE. Nunca serão!

7. 16º BPM. Base de comando das operações nos complexos da Penha e Alemão.

6

OS NOTICIÁRIOS NA TV

GRECO

O final de semana prometia. Todos os dias, os noticiários relatavam que o BOPE estava incursionando pelo Complexo da Vila Cruzeiro, progredindo em direção ao Complexo do Alemão. Percebi que algo de muito importante estava por acontecer. Pelo que sabia, nada tinha sido programado para que, naquele momento, houvesse a retomada dos complexos do Cruzeiro e do Alemão. Não havia projeto para instalação, naquela época, de alguma unidade de polícia pacificadora naquele local. Algo muito estranho estava acontecendo.

Os canais de TV praticamente modificaram suas programações normais e deram prioridade ao que estava acontecendo naquele momento, com a segurança pública na cidade do Rio de Janeiro. E não podia ser diferente.

Todas as forças de segurança estaduais, isto é, as polícias militar e civil, bem como a Polícia Federal e, extraordinariamente, a Marinha do Brasil, estavam atuando juntas, nessa missão, naquela comunidade que era considerada como o reduto principal da facção criminosa do Rio de Janeiro, denominada de Comando Vermelho.

O Comando Vermelho – CV – foi criado no ano de 1979, no sistema prisional Cândido Mendes, localizado na Ilha Grande, em Angra dos Reis, no estado do Rio de Janeiro. Naquela oportunidade, presos comuns, membros de uma conhecida organização criminosa chamada de "Falange Vermelha", tiveram contato com presos políticos. Esse caldo deu origem ao atual Comando Vermelho, cujo lema inicial era Paz, Justiça Social e Liberdade.

Outras facções criminosas, no entanto, foram surgindo, a exemplo da ADA (Amigos dos Amigos), dissidência do próprio Comando Vermelho; TC (Terceiro Comando); TCP (Terceiro Comando Puro); CVJ (Comando Vermelho Jovem); e por aí vai. Enfim, o Rio de Janeiro estava vivendo um momento complicadíssimo no que diz respeito à segurança pública, sendo que as suas quase mil favelas, ou comunidades carentes, eram dominadas por uma dessas facções criminosas. Isso teria que ter um basta. O Estado não podia mais, simplesmente, ignorar essa situação e entender essas comunidades como um território à parte.

Estava assistindo à TV, quando um determinado canal começou a mostrar um grupo de criminosos fugindo, saindo do Complexo da Vila Cruzeiro, indo em direção ao Complexo do Alemão. A transmissão era ao vivo. Naquele momento, o mundo inteiro assistia a um confronto entre as forças policiais e um bando de traficantes, fugindo, desesperadamente.

Estava perplexo, assistindo àquelas imagens, quando resolvi ligar para o meu amigo André Monteiro. Até aquele instante, não sabia que meu amigo estava fazendo parte de uma das patrulhas que, naquele exato momento, trocava tiros com esse grupo enorme de traficantes.

Em tom de brincadeira, como é de seu costume, quando atendeu o telefone, imediatamente, sem nenhum tipo de conversa introdutória, Monteiro foi dizendo:

– Escuta aí, 01!

Naquele momento, mesmo a quilômetros de distância, pois estava em Belo Horizonte e Monteiro no Rio de Janeiro, conseguia ouvir os tiros, as rajadas que eram disparadas de ambos os lados.

Quando percebi que Monteiro fazia parte daquele cenário de guerra, fui logo perguntando:

– Meu irmão, você está nesse confronto? Você está no Complexo da Vila Cruzeiro?

Monteiro me respondeu:

– Estamos aqui. Você não tem noção da loucura que é esse lugar. Nunca vi tanto traficante reunido na minha vida. Tem gente demais aqui. Temos algumas patrulhas do BOPE fazendo uma fileira de tiro. Os traficantes não param de atirar contra a nossa tropa. Na verdade, estão atirando desesperadamente, pois, ao que parece, querem fazer uma linha de tiro para dar fuga aos seus companheiros de tráfico.

Nesse exato instante, a TV mostrava um grupo enorme de traficantes fugindo em direção ao Complexo do Alemão. Saindo de uma espécie de matagal, em direção a uma estrada de terra, no alto do morro, que fazia a divisão entre os dois complexos.

Sabendo que tudo aquilo era transmitido ao vivo, dizia, quase aos berros, para meu amigo:

– Monteiro, eles estão indo em direção às torres, no alto do morro. Cuidado, Monteiro!

E ele, tranquilamente, me retrucava:

– Fique tranquilo, meu amigo, já estamos sabendo. O fogo está acirrado, mas estamos em segurança. Vamos prosseguir. Vamos chegar até o alto do morro.

A TV mostrava um vaivém frenético dos traficantes. Alguns deles, parecendo estar feridos, caminhavam com dificuldade. Motos eram usadas para transporte, levando duas, três e até quatro pessoas. Uma caminhonete roubada conseguiu transportar um sem-número de traficantes. Era uma verdadeira loucura.

Como o Complexo do Alemão pertencia à mesma facção criminosa que dominava o Complexo da Vila Cruzeiro, e não tendo outra alternativa, praticamente todos fugiram em direção àquele. Nunca se viu pela TV tantos criminosos reunidos, em fuga. Parecia que estavam saindo de um formigueiro.

Realmente, a situação estava mudando.

Desliguei o telefone, permitindo que meu amigo se mantivesse concentrado naquela importante missão. Pelo que tinha me dito, já estava ali fazia alguns dias, sem voltar para casa, para sua família. Durante aquele período, o Complexo da Vila Cruzeiro passou a ser sua residência, com todo o desconforto possível, minimizado por algumas situações inusitadas que, posteriormente, veio a me confidenciar.

Embora não fosse policial, não tivesse o preparo e o treinamento necessários, e nem fosse essa a minha função, queria participar desse momento histórico, pelo qual a cidade do Rio de Janeiro vinha passando. Mas só me restava acompanhar de longe, resignado, obtendo as notícias, muitas vezes em primeira mão, dos meus amigos que faziam parte do BOPE.

Na verdade, ainda não estava conformado em ficar distante daquilo tudo. Queria estar lá, acompanhando de perto toda aquela movimentação.

A violência na cidade do Rio de Janeiro havia chegado a índices insuportáveis. Os traficantes de drogas haviam não somente tomado conta das comunidades carentes, fazendo, delas, o seu território, como impunham, também, um regime de terror nas localidades que lhes eram próximas. Muitas vezes, saiam em comboio a fim de praticar roubos, e voltavam, rapidamente, para seus redutos.

Já faz alguns anos, tinha ido ao Rio de Janeiro com minha esposa, que se encontrava grávida de nossa primeira filha. Tínhamos combinado de fazer uma visita a um grande amigo, na verdade, um outro irmão que tenho, pois nos conhecemos desde os 7 anos, quando estudamos juntos na Escola Leitão da Cunha, na Tijuca. Esse meu amigo, Renato Fernandes Salmerón, morava, com sua família, em Jacarepaguá. Num sábado, eu e minha esposa resolvemos visitá-los. Eram aproximadamente 19 horas quando saí da Tijuca, indo em direção a Jacarepaguá. Logo que começamos a andar com o carro, do nada, falei com minha esposa:- Fernanda, vamos voltar. Hoje estou muito cansado. Acabamos de chegar de viagem e estou quebrado. Vou ligar para o Renato e dizer a ele que iremos amanhã. Nesse instante, fiz a volta no quarteirão e estacionei, novamente, em frente à casa da minha mãe, na Tijuca.

Assim que estacionei, minha esposa ponderou comigo:- Isso não vai ficar legal. Combinei com a esposa do Renato que iríamos hoje até lá. Ela deve ter preparado alguma coisa pra nós e não seria legal desmarcarmos em cima da hora. Concordei com ela, deixei minha preguiça de lado, e seguimos em direção à casa de meu amigo.

Assim que entramos na estrada conhecida como Grajaú-Jacarepaguá, percebi uma movimentação estranha à nossa frente. Havia um ônibus cruzado na pista de subida e alguns carros parados em frente a ele. Notei que alguns traficantes desciam em direção aos carros, armados com fuzis, fazendo alguns disparos para o alto. A distância que nos separava da primeira fila de carros, obrigados a parar em frente ao ônibus cruzado na pista, era idêntica ao quarteirão que fiz, ao retornar para casa da minha mãe, antes de resolver que iria visitar meu amigo. Ou seja, Deus tinha nos livrado daquela situação. Caso contrário, se tivéssemos dirigido, sem retornar, seríamos as primeiras vítimas.

O pânico se instalou naquele lugar. Paramos o carro, no meio da pista. Os carros que vinham atrás também perceberam esse ataque dos criminosos e também começaram a parar. Todos começaram a dar marcha à ré, querendo fugir daquela situação. Imediatamente, como, naquela época, utilizava uma caminhonete, consegui fazer uma manobra, passando para a pista ao lado, de descida, e voltei. Pedi para que minha esposa ficasse abaixada no banco do carona, pois ainda alguns disparos estavam sendo feitos pelos traficantes, com o fim de intimidar os motoristas, que estavam sendo por eles roubados.

Viaturas policiais começaram a subir a estrada Grajáu–Jacarepaguá. Pouco tempo depois, os jornais começaram a noticiar o que havia acontecido, informando, inclusive, que aquele tipo de comportamento era comum naquela estrada. Essas comunidades carentes, e a população em geral, não mereciam esse tipo de violência. O povo carioca, que sempre foi conhecido por sua irreverência e alegria, estava triste, inseguro. Essas comunidades precisavam ficar livres desses criminosos, para quem não havia limites. A qualquer hora, em qualquer lugar, saíam de seus redutos e impunham seu regime de terror.

Também me recordo de outro fato que aconteceu na zona sul da cidade. Eu e minha esposa estávamos no banco de trás do automóvel de um querido amigo, Claudio Filomeno. Íamos em direção a um restaurante, à noite, quando paramos em um sinal de trânsito, em frente ao posto 9, no bairro de Ipanema, cartão postal do Rio de Janeiro. De repente, um rapaz, que devia ter pouco mais de 18 anos, com a camiseta para fora da bermuda, de chinelos, chegou próximo à janela do automóvel e, calmamente, disse o seguinte: Estou com uma pistola na cintura e não me importo de matar os quatro. Pegue a carteira, não toque na marcha, e retire todo o dinheiro dela. Nesse instante, meu amigo obedeceu ao comando daquele rapaz, abriu a carteira e entregou o que tinha. O rapaz, tranquilamente, se despediu, como se tivesse recebido alguma esmola, e saiu andando, como se nada tivesse acontecido.

Eu estava ali, no banco de trás, assistindo àquela cena, de camarote, pensando: E se eu estivesse armado? Teria atirado? Minha cabeça era um turbilhão de pensamentos. Fato era que a criminalidade havia tomado conta da cidade. Ou bloqueavam ruas, avenidas, estradas a fim de praticar roubos, ou impunham o seu regime de terror dentro das comunidades em que viviam. Por essas e outras razões, as pacificações eram necessárias. O Estado teria muito trabalho pela frente, e a polícia exerceria um papel fundamental nessa "retomada de território".

1. Equipe de demolição do BOPE retirando obstáculos construídos pelos traficantes de drogas do Complexo do Alemão

7

A PRIMEIRA BAIXA

MONTEIRO

Nossa patrulha estava incursionando pela parte alta da comunidade. Isso, estrategicamente, foi muito importante, porque permitiu que outras patrulhas progredissem pela parte baixa. Assim, adentrávamos com duas frentes, e os traficantes não estavam preparados para isso. Ficaram perdidos. Contudo, a troca de tiros era intensa. Foram centenas de disparos.

Nesse momento, em frações de segundos, minha mente voltou ao passado. Lembrei-me do dia 9 de maio de 1998. Eu estava de plantão no Batalhão quando um amigo querido de equipe, chamado Jessé, foi ao meu encontro, dizendo que havia esquecido de entregar ao oficial de operações daquele dia, Ten. Sarmento, um croqui em que se encontravam localizados alguns alvos que deveriam ser batidos pela equipe que havia se dirigido ao morro do Turano.

Embora o Ten. Sarmento tivesse dispensado o mapa, a responsabilidade de Jessé não permitia que ele o deixasse para trás, pois sabia que isso facilitaria o trabalho da equipe e insistiu comigo em ir ao encontro deles, que já estavam posicionados no local de início da missão.

Fomos à reserva de armamento. Solicitei uma metralhadora HK e uma pistola, ambas 9mm. Jessé pediu uma pistola e mais três carregadores. Quando concluímos o pedido, o armeiro nos perguntou se não queríamos levar outras armas, no que respondi, prontamente:

– Com essas aqui, nós podemos fazer uma guerra!

Nem imaginava o que viria pela frente! Partimos em direção ao ponto de início da operação, que ficava próximo à residência oficial do arcebispo do Rio de Janeiro. Embarcamos em uma viatura descaracterizada, pois fazíamos parte do serviço de inteligência do BOPE, a chamada P2.

Ao chegarmos ao local, entregamos o croqui, desejamos boa sorte à equipe, e iniciamos o regresso para o Batalhão que, naquela época, ficava localizado dentro do complexo do Batalhão de Choque, em frente ao Sambódromo, no Centro do Rio de Janeiro.

Ao passarmos pela rua Almirante Alexandrino, no bairro de Santa Tereza, com destino ao bairro do Rio Comprido, nos deparamos com um traficante armado com uma pistola, que saía da comunidade Fallet/Fogueteiro. Ao sermos avistados por esse traficante, embora estivéssemos em uma viatura descaracterizada, fomos, de pronto, reconhecidos e o mencionado traficante efetuou vários disparos em nossa direção.

Alguns desses disparos acertaram o capô, bem como o para-brisa da viatura. Naquele momento, como não tínhamos condições de parar e desembarcar, resolvemos descer a ladeira em alta velocidade. No trajeto, tivemos que dobrar, obrigatoriamente, à direita, e colidimos contra um automóvel Maverick amarelo, que se encontrava estacionado, sem, contudo, imobilizar o nosso veículo. Seguimos em frente, dobramos à esquerda e nos deparamos com mais dois traficantes que saíam de um beco, também armados e correndo. Nesse momento, sem que pudéssemos desviar, os atropelamos, perdemos o controle, e colidimos contra uma pedra de grande porte. A viatura capotou.

Rapidamente, Jessé abriu a porta da viatura e foi em busca de abrigo. Quando tentei abrir a porta do motorista, ela estava emperrada. Assim, fui obrigado a sair pelo banco do carona. Tão logo me encontrei fora do veículo, percebi que um dos traficantes estava vindo em minha direção, e trocamos tiros. Sendo ele baleado, fugiu, e procurou socorro no Hospital Souza Aguiar, onde acabou, posteriormente, sendo preso.

Após essa troca de tiros, tentei fazer contato através do rádio da viatura, solicitando auxílio policial, e fui alvo de mais disparos por parte de outros traficantes, que se encontravam reunidos naquele local. Ao começar os disparos, ouvi Jessé dizendo para que saísse de perto da viatura, pois ali seria um alvo fácil. Foi então que me joguei em um matagal. No entanto, os tiros não cessavam e cortavam a folhagem ao meu redor. Ouvia, ainda, os zunidos dos projéteis passando perto de mim.

Por mais uma vez, Jessé pediu para que eu saísse daquele lugar, pois meu corpo estava muito exposto e o matagal não oferecia abrigo. Pedi, então, que ele efetuasse alguns disparos na direção ao local de onde partiam os tiros, a fim de que tivesse cobertura para poder me deslocar. Assim, consegui me levantar e corri até o lugar onde estava abrigado Jessé. Decidimos, então, progredir pelas vielas daquela comunidade, mesmo debaixo de fogo intenso. Era a nossa única alternativa, pois, caso contrário, morreríamos.

Mesmo trocando tiros com os traficantes, conseguimos chegar a uma escadaria, onde paramos um pouco para pensar no que fazer. Concluímos que o melhor era descer a escadaria, mesmo que através dela fôssemos conduzidos para dentro da comunidade. Na verdade, não sabíamos exatamente onde ela terminaria. Porém, era nossa única alternativa.

Como eu portava uma metralhadora HK, que possuía maior poder de fogo, segui como ponta. Jessé permaneceu cobrindo a retaguarda. Ao descer a escada, fomos novamente avistados pelos traficantes, que se encontravam na parte baixa da escadaria. Logo que nos avistaram, iniciaram nova investida, atirando contra nós. Em virtude disso, tivemos que voltar para o beco e, avaliando novamente a situação, Jessé sugeriu que atravessássemos a escadaria e entrássemos em outro matagal, que se encontrava à nossa frente. Disse a ele que não seria razoável entrar no matagal, já que não conhecíamos o local e não sabíamos o que nos esperava, foi quando de dentro do matagal surgiu uma saraivada de tiros.

Jogamo-nos no chão, para sair da linha de tiro, diminuindo nossa silhueta. Ouvimos que atrás do muro que se encontrava perto de onde estávamos foram lançadas duas granadas. A única alternativa que restou foi subir a escadaria, já que não podíamos voltar em direção à nossa viatura. No entanto, também fomos recebidos a tiros, que vinham do alto da escadaria. Moral da história: estávamos cercados.

Durante essa troca de tiros, minha mão direita foi baleada. O tiro, no entanto, para minha sorte, atingiu primeiro a metralhadora HK. Foi quando nos abaixamos novamente e, por alguns instantes, os tiros cessaram. Informei ao Jessé que havia sido baleado na mão, mas que ainda estava em condições de combate. Como não era possível voltar, efetuamos vários disparos para cima e resolvemos enfrentar a escadaria, subindo. Após nova investida dos traficantes, pulei para o lado direito, onde havia uma residência, com um muro que nos daria certa proteção. Ao olhar para trás, não mais avistei meu amigo Jessé. Depois de alguns segundos, escutei sua voz me chamando para o local onde ele se encontrava e, ao olhar, observei que havia um buraco de onde vinham os chamados de Jessé.

Assim, imediatamente, atendi a seu comando e pulei em direção ao buraco, que pensava ser profundo, e que nos daria a segurança necessária naquele momento. No entanto, assim que cheguei nesse buraco, percebi que sua profundidade não era superior a 50 cm e que isso não seria suficiente para nós. Ao chegar no buraco, vi que Jessé se encontrava caído. Seu corpo estava inerte e já não esboçava qualquer sinal de vida. Desesperadamente, comecei a chamar pelo seu nome e meu amigo não me respondia. Gritava: Jessé, Jessé, levanta. Vamos sair daqui. Mas não obtive qualquer resposta. Tive a certeza, portanto, de que Jessé estava morto. Entrei em desespero. Não tinha mais meu companheiro.

Os tiros voltaram a acontecer e ouvia, nitidamente, as vozes dos traficantes, dizendo que desceriam para conferir, ou seja, acreditavam que os dois estivessem mortos e que chegariam perto dos corpos para efetuar os últimos disparos. Nesse momento, me abaixei e apontei novamente minha metralhadora HK em direção ao alto da escadaria, esperando que aparecessem e pudesse efetuar os disparos.

Como não apareciam, e continuavam a atirar, resolvi efetuar disparos em direção ao alto da escadaria, de onde vinham os tiros. Então, percebi que minha metralhadora havia sido avariada com o disparo que recebi, pois somente foi possível deflagrar o projétil que já se encontrava na câmara, ficando esta impossibilitada de efetuar outros disparos.

Nesse momento, pensei que seria melhor morrer do que ser pego pelos traficantes, pois seria cruelmente torturado antes de ser executado. Assim, coloquei minha cabeça para fora do buraco, na esperança de receber um tiro fatal. Porém, embora os disparos chegassem bem próximo à minha cabeça, os projéteis não me atingiam. Na verdade, somente os fragmentos dos projéteis, que batiam no chão e ricocheteavam, atingiam meu corpo, sendo que alguns deles penetravam minha carne.

Como não conseguiam me matar, entendi que Deus me queria vivo. Por isso, mesmo sem poder contar com a minha metralhadora, mas ainda portando duas pistolas, pois recolhi aquela levada por Jessé, resolvi empunhá-las e subir alguns degraus, efetuando disparos contra o grupo de traficantes. Dessa forma, confundi os criminosos, pois pensavam que subiria o restante dos degraus quando, na verdade, desci, a toda velocidade, aquela escadaria.

Desci como louco e consegui chegar no interior da comunidade, onde fui recebido com mais tiros por parte do grupo de criminosos. Depois de passar por um beco, avistei uma rampa e, ao lado dela, outra escadaria. Resolvi correr pela rampa. Não foi uma boa ideia. Minhas pernas não acompanhavam a velocidade da descida. Rolei rampa abaixo e acabei colidindo contra um muro. Estava muito machucado. Meu corpo inteiro sangrava. Estava moído. Mesmo não sabendo de onde vinha minha força, pulei o muro e acabei tendo acesso a uma rua localizada fora da comunidade. Comecei a correr, mancando, pingando sangue. Os traficantes que estavam nas lajes das casas ainda tentaram me alvejar. Para minha sorte, quando consegui sair da linha de tiro, avistei uma viatura da Polícia Militar.

Quando os policiais me viram, portando uma metralhadora nas costas e duas pistolas nas mãos, automaticamente me renderam, apontando seus fuzis em minha direção.

Felizmente, não atiraram. Gritei que eu era policial do BOPE e que meu amigo estava ferido. Eles, corretamente, me pediram para deixar as armas no chão e deitar. Após terem certeza de quem eu era, disseram que me levariam ao hospital. Insisti para que subíssemos novamente a comunidade, a fim de resgatar meu amigo Jessé. Os policiais disseram que seria impossível que nós três ingressássemos naquela comunidade e que o melhor a fazer seria me levar ao hospital e avisar os combatentes do BOPE, que já estavam naquela comunidade, sobre todo o ocorrido. Disseram-me que não acreditavam em como eu conseguira sair sozinho daquele local, pois, exatamente naquele dia, segundo informações da seção de inteligência, estava sendo realizada uma reunião do Comando Vermelho.

Fui ao hospital. Após, aproximadamente, uma hora, meus companheiros do BOPE recolheram o corpo de Jessé. Vi o corpo do meu amigo sendo colocado na maca. Mesmo ferido, tentei ajudar na remoção. Estava inconsolado. Minha cabeça só pensava nas palavras que tinha ouvido de Jessé durante o tiroteio. Mesmo durante esse combate intenso, Jessé ainda tinha forças para me dizer palavras de ânimo, de conforto. Sua serenidade me fazia refletir.

Quando a médica examinou o corpo de Jessé e constatou sua morte, me dirigi a ela e perguntei:

– Doutora, meu amigo sofreu para morrer?

Ela respondeu:

– Monteiro, seu amigo ainda não sabe que está morto. Ele recebeu três tiros de fuzil, que atingiram o coração, fígado e pulmão, que explodiram quando foram alvejados.

Assim que ouvi a resposta, disse a ela:

– Mas, doutora, ele conversou comigo depois que ouvimos os disparos de fuzil e me chamou para entrar no buraco em que ele morreu.

A médica, com um olhar cético, me disse:

– Seria impossível que seu amigo o chamasse depois de ter recebido os disparos. A morte dele foi instantânea.

Ao ouvir essa sentença, comecei a me lembrar do tempo em que Jessé pregava a Palavra de Deus para mim, me convidando a frequentar sua igreja. Sempre relutei, mas nunca recusei o convite. Como sempre, dizia que um dia eu iria com ele. Agora, depois da morte de Jessé, passei a conhecer a Palavra de Deus e seguir os seus caminhos. Deus precisou usar o meu amigo, morto, para me levar para perto dEle.

Voltando à incursão ao Complexo da Vila Cruzeiro, ao chegarmos em um beco, percebemos que ali havia um bar, com aspecto de abandono. Desse bar tínhamos uma visão espetacular de tudo que se encontrava abaixo de nós. Precisávamos de um ponto de observação que também nos desse segurança. Aquele local era perfeito.

Tal decisão foi tomada na hora certa, pois podíamos, daquele lugar, observar uma de nossas equipes, que subia pelas vielas da comunidade. Durante a subida, a equipe que estava abaixo de nós, que ainda não tinha feito contato visual conosco, desconfiou de uma casa, em virtude do forte cheiro de maconha que dela exalava, e resolveu entrar, com a finalidade de bater o local, ou seja, para que fosse realizada a busca da droga.

A experiência da tropa fez com desconfiássemos daquele lugar. Isso porque, quando as habitações são destinadas ao acondicionamento de drogas, normalmente, há uma instalação exagerada de aparelhos de ar-condicionado. Da mesma forma, parece que os traficantes sentem muito calor, pois suas residências, ao contrário do que ocorre com as dos demais moradores, também costumam ter um número excessivo de aparelhos.

Tão logo a equipe conseguiu entrar naquela casa, percebeu que estava diante de uma das maiores quantidades de droga, armazenada em um mesmo local, já vista. O erro estratégico dos traficantes fez com que perdessem, aproximadamente, duas toneladas de maconha, que representa um prejuízo financeiro de, aproximadamente, US$ 2 milhões.

Os cartéis, de onde partiram essas drogas, não ficariam nada felizes com esse prejuízo, caso ainda não tivessem sido pagas. A praxe, ao que parece, é adquirir a droga consignada, ou seja, os cartéis as fornecem em confiança, recebendo, tão somente, parte do pagamento, para que, posteriormente, seja feito o acerto final.

Foi a primeira de muitas baixas que viriam pela frente. O Complexo da Vila Cruzeiro, que faz parte do grande Complexo do Alemão, era o responsável pela distribuição de grande parte das drogas que circulavam pela cidade do Rio de Janeiro. Durante algum tempo, muitos usuários tiveram crise de abstinência.

A felicidade da tropa com aquela apreensão era visível. Aquela guerra só estava no começo e as baixas dos oponentes já começavam a aparecer. Contudo, uma vez encontrada a droga, ela deveria ser transportada. Aí residia o problema. Transportar duas toneladas, ou seja, dois mil quilos da droga, era um trabalho extremamente exaustivo e que tomava o tempo de toda a equipe. Além disso, a droga teria que ser transportada "debaixo de fogo", pois os traficantes não deixariam barato aquela situação. Não era simplesmente carregar a droga e levá-la até a viatura mais próxima. O grande problema era fazer isso sob intenso tiroteio, pois a equipe estava sendo monitorada por olheiros do tráfico.

Os olheiros são, normalmente, crianças ou adolescentes, aliciados pelos traficantes, com a finalidade de avisá-los de qualquer movimentação suspeita na comunidade, seja da polícia ou mesmo de integrantes de facções rivais. Ficam em lajes, bares, no interior de residências, olhando pelas janelas, soltando pipa, jogando futebol. Estão sempre próximos ao rádio de comunicação, para que, ao menor sinal de perigo, sejam detonados os fogos de artifício, que indicarão a presença indesejada, considerada pelos traficantes como sendo uma invasão de inimigos, a quem vulgarmente chamam de "alemão".

Um grupo de traficantes começou a se deslocar em direção à equipe que havia descoberto o esconderijo das drogas e era evidente que fariam de tudo para impedir que o BOPE conseguisse retirá-las. Se apreender a droga foi difícil, uma vez que a patrulha somente chegou naquele local após intensas trocas de tiros, retirá-la de lá foi infinitamente pior.

Por razões lógicas, ou o combatente atira, ou carrega a droga. Obviamente, sua vida vale mais do que a substância entorpecente.

No entanto, os traficantes não contavam com uma surpresa. Nossa equipe, como havia dito antes, encontrava-se posicionada em um lugar estratégico, de onde tinha uma visão privilegiada. Ao que parece, os olheiros do tráfico acabaram se confundindo com a nossa presença, pois metade da nossa patrulha continuou incursionando pela comunidade, enquanto a outra decidiu permanecer no mencionado bar. Para os olheiros, que constantemente se comunicavam com os chefes do grupo, todos nós tínhamos partido. Assim, nossa permanência naquele bar os surpreendeu. Tínhamos um excepcional ponto de apoio e segurança.

Quando os traficantes começaram a se aproximar do local onde estavam guardadas as drogas, iniciando nova troca de tiros com os combatentes do BOPE que haviam feito a apreensão, nossa equipe, em virtude dessa posição privilegiada, os surpreendeu fazendo uma linha de fogo. A outra equipe, que estava sendo alvo de ataque dos traficantes, ao perceber a nossa presença, sentiu-se aliviada e segura, pois tínhamos completo controle da situação naquele perímetro, sendo possível uma retirada mais tranquila da substância entorpecente encontrada.

Assim, como dizemos no Batalhão: "com sabedoria, estratégia e supremacia da força, não há grupo de criminosos que resista". Brincamos com eles.

1. Viatura descaracterizada crivada de tiros, que capotou com o Sarg. André Monteiro.

2. Sarg. Jessé – Morto em maio de 1998.

3. Apreensão de drogas no Complexo da Penha.

4 e 5. Sarg. André Monteiro.

8

A URGÊNCIA DAS PACIFICAÇÕES

GRECO

As pacificações nessas comunidades carentes, tomadas pelo tráfico de drogas, tinham que acontecer. Eram centenas de favelas dominadas pelas mais diversas facções criminosas, cada qual impondo seu estilo de "governo", sua política de terror. Esses criminosos, realmente, achavam que dominavam aqueles territórios e os tinham por impenetráveis.

Em inúmeras interceptações telefônicas feitas legalmente pela Polícia, os traficantes conversavam entre si, gabando-se do seu poderio bélico, falando bravatas do tipo "a polícia tem medo de subir aqui", ou, "se subirem, vão descer correndo" etc. Acreditavam nesse falso sentimento de poder. O povo carioca já não suportava mais essa situação.

É importante salientar, no entanto, que cada uma dessas comunidades possui uma característica diferente. Fui em algumas delas, juntamente com o BOPE, principalmente antes de ministrar os cursos sobre direitos humanos para a tropa. As crianças, que são um termômetro importante, traduziam muito bem essas diferenças. Em comunidades, onde os chefes do tráfico eram considerados como "crias da favela", a hostilidade de muitas pessoas, principalmente os adolescentes, pairava no ar. Para eles, um amigo estava sendo preso ou mesmo morto pela polícia. Não o enxergavam como um criminoso, um traficante de drogas, um homicida frio, que praticava torturas para impor suas "leis". Era um deles, e isso bastava.

Em outras comunidades, onde os traficantes haviam, simplesmente, conquistado aquele território em guerra com outra facção criminosa antes dominante, o clima era completamente diferente. A população, de uma forma geral, sentia-se aliviada, grata. As crianças, a todo instante, abraçavam os policiais, tirando fotos, entrando nos blindados e nas demais viaturas. O processo de pacificação é complexo, mas necessário.

Obviamente que o número de apreensões de armas e drogas, levadas a efeito pela polícia, variava muito de acordo com esse clima. As informações chegam à polícia com muito mais facilidade quando se está numa comunidade onde os traficantes não tem qualquer laço, qualquer vínculo afetivo com os moradores. Em muitos casos, somente um trabalho de inteligência da polícia permitirá essas apreensões, pois os esconderijos das drogas e armas, normalmente, são seguros, e somente através de um bom serviço de informações é que poderão ser descobertos.

Outras cidades do mundo, consideradas altamente perigosas, conseguiram sucesso em seus processos de pacificação, cada qual a seu modo.

1

1. La Catedral

2. Pablo Escobar

9

A "CANGA" 33

BETINI

Sábado à tarde, meu telefone toca:
- 34, onde você está?
- Estou aqui na Vila Cruzeiro. E você, "Velho"?
- Estou na estrada. Estava em um serviço no interior de São Paulo e tive que brigar com um monte de gente para vir. Os caras não entendiam que eu tinha que vir. Mas você sabe, 34. Não dá! Eu tinha que participar disso e vou aguentar as consequências. No final, acabaram me liberando, meio a contragosto; mas eu precisava vir.

Eu sei, Velho... Você está certo e sabe que estou contigo até o fim. Fez certo em vir. Seu lugar é aqui.

– Eu precisava vir. Não posso deixar meus irmãos nessa hora. Eu precisava vir.

– Parceiro, na hora em que chegar aqui no Rio, me avisa. Vá direto para o Batalhão, se equipa e me liga. Dou um jeito de te pegar na hora. Aí, você incorpora conosco. O Ten.-Cel. Fábio e o Ten.-Cel. René perguntaram sobre o "Velho".

Percebi que o 33 estava agoniado, se cobrando por ter que se indispor com alguns colegas, que simplesmente não entendiam a sua necessidade em se incorporar à sua patrulha no BOPE. Eu fiz o que ele sabia que eu faria, confirmei sua atitude, dei apoio a ele.

– Tudo bem, vou chegar aí mais tarde. Quando chegar, te ligo.

No início da noite, minha patrulha retornou ao 16o Batalhão. O chefe da patrulha, um sargento experiente, se reuniu com o oficial responsável, mas, antes, ordenou:

– Pessoal, vocês podem "dar um leve"[1]. eixem o equipamento aqui mesmo e podem ir para o rancho[2] jantar.

Automaticamente cada um foi para um lugar, tentando suprir suas necessidades mais urgentes. Alguns retiraram o coturno para tratar algumas bolhas, outros foram ao banheiro, alguns se dirigiram rapidamente para o rancho. Havia ainda aqueles que simplesmente deitaram embaixo da figueira, adormecendo rapidamente.

Ficamos no "refrigera e paz" por, aproximadamente, uma hora e meia. Depois de jantar, o sargento deu o comando de reagrupar a patrulha. Lentamente, aqueles homens foram se levantando e se equipando. Alguns,

1 "Dar um leve" significa retirar o equipamento mais pesado e descansar. Uma outra expressão idiomática que significa o mesmo é "ir para o refrigera e paz".

2 Rancho é o local onde os policiais militares fazem suas refeições. Nesse caso, era um ônibus improvisado que nos outros dias foi substituído por um local mais apropriado, localizado nas instalações do próprio 16o Batalhão.

com dificuldade, acordavam aqueles que dormiam profundamente, deitados simplesmente sobre os coletes balísticos jogados sobre o chão.

– Rapaziada, temos uma notícia boa e outra ruim. Qual vocês querem primeiro?

– Manda a boa...

Todos estavam muito cansados. Era sábado e a maioria dos policiais do batalhão não havia tido liberação, simplesmente estavam acionados desde quarta-feira.

– A boa é que todos estão liberados. A ruim é que amanhã todos devem se apresentar, "prontos para e em condições de" às 6h da manhã.

Houve um silêncio denso e alguns trocaram um olhar de suspense.

– Preparem-se para a "Batalha do Alemão"!

– Uhhhhhhhhhh!

Houve um grande grunhido com intensa vibração, a equipe estava eufórica e, de repente, aquele bando cansado se transformou em uma horda de guerreiros prontos para o combate. Naquele momento não havia cansaço, nem desânimo, somente vibração.

Embarcamos na viatura, como sempre fui atrás, como "caçambeiro". No caminho, pensava no que aconteceria na próxima vez que eu passasse por aquele local e o quanto estar ali significava para mim. Lembrei-me do treinamento e de toda a dificuldade que passei até conquistar o direito de ser chamado de "Caveira". Fiquei grato por ter tido forças para concluir o curso e feliz por ter tomado a decisão correta, anos antes, de ter "entregado minha carcaça" no curso do BOPE. Afinal, aquele era o passe livre para trabalhar daquela forma, dentro de uma patrulha dos "Caveiras". Eu tinha a convicção de que aquela era a oportunidade de unir o que havia de melhor em dois mundos: a inteligência e a técnica de ser um federal, e a rusticidade, a força e a coragem de ser um integrante do BOPE.

Menos de uma hora mais tarde, cheguei à SR. Fui para o alojamento e encontrei o "Velho", e ele estava da maneira que eu havia imaginado: fazendo suas intermináveis arrumações. Quando estávamos em curso ou mesmo nos quartos de hotéis nas viagens a serviço, o 33 sempre gastava boa parte do tempo arrumando seu equipamento. Inúmeras vezes fui acordado pelo "Velho" no meio da madrugada, que mexia em sacolas de plástico, montava e desmontava kits, limpava seu armamento, acondicionava e conferia todos os equipamentos na sua inseparável mochila. Comecei a rir. Ele se levantou e nos abraçamos.

– "Velho", meu amigo! Não podia ficar fora dessa, né?

– Pois é, vim lutar com meus irmãos. Meu lugar é aqui, com vocês.

– Lógico que é, "Velho". Esse é o nosso lugar. Foi pra isso que nos preparamos.

Conversamos por algum tempo, expliquei a ele que a invasão do Alemão aconteceria no dia seguinte e que o horário de chegada ao Batalhão era às 6h da manhã. Ele ficou contente e aliviado por, finalmente, estar onde gostaria de estar. Perguntei sobre seu equipamento, se tinha munição suficiente ou se estava faltando algum item.

– Você trouxe tudo, "Velho"?

– Trouxe.

Vi que seu colete balístico não estava com as placas de cerâmica. Retirei a placa dorsal do meu colete e passei para ele.

– Não precisa! Você vai ficar sem.

– Não vou! Eu tenho duas, te dou uma e fico com outra. É assim que funciona. Quem tem dois, tem um. Quem tem um, não tem nenhum – brinquei.

O 33 começou a rir e pegou a placa. Durante o curso, falávamos isso o tempo todo. Uma vez eu perdi minha cobertura (gorro) em uma marcha em Itatiaia, no Parque Nacional das Agulhas Negras. O 33 retirou um gorro sobressalente de sua mochila, o 13 pegou o seu "kit de costura" e retiramos um dos números do meu uniforme sobressalente. Rapidamente costurou o número no meu gorro e antes que o instrutor percebesse que eu o havia perdido, pela segunda vez, eu já estava com o uniforme completo. Agradeci aos dois. O "Velho", a partir dessa ocasião, repetia sempre sua conhecida frase: Quem tem dois, tem um; quem tem um, não tem nenhum! Tomei um banho, saímos para jantar no Largo do Machado, voltamos e dormimos.

Alvorada às 5h da manhã. Abri os olhos e me lembrei que aquele seria o grande dia. Agradeci a Deus por estar tendo a oportunidade de viver aquilo. Sem pressa, nos equipamos.

1

2

1. Patrulha se alimenta no rancho do 16o Batalhão.

2. Seteira para fuzil em uma proteção de concreto construída em um beco da região do Largo do Coqueiro. Os traficantes obrigavam os próprios moradores a construírem esses abrigos, de onde estabeleciam pontos de dominação no terreno, possibilitando que abrissem fogo contra a polícia sem que fossem atingidos.

3. Momento de descontração no rancho.

10

A ESPERANÇA DA RETOMADA

GRECO

Os jornais não paravam de noticiar o confronto que o BOPE tinha travado com os traficantes da Vila Cruzeiro e que o objetivo, agora, era a retomada do Complexo do Alemão. Sabia que esse momento seria único. Uma das maiores comunidades carentes do Rio de Janeiro, com uma população enorme, maior do que a grande maioria das cidades brasileiras, estava subjugada pelo tráfico de drogas.

Queria muito participar desse momento histórico. Mesmo não sendo policial, sempre me interessei e participei de cursos ligados a essa atividade. Já tinha feito curso de negociação e gerenciamento de crise, na Polícia Militar da Paraíba, com meu grande amigo, Ten. Cel. Onivam. No BOPE, além das instruções que fazia para a tropa, também recebi muitas outras, como instrução com fuzil e pistola, onde, em um único dia, efetuei mais de 350 disparos, além de treinar, também, o chamado tiro de precisão, que é feito pelos *snipers*. Ainda me lembro do entusiasmo do meu instrutor de tiro no BOPE, Cap. Monteiro, quando conferia o meu alvo e gritava: Filma isso!! Olha o tiro do aluno!!! Modéstia à parte, sou um bom atirador.

Também havia aprendido como progredia a patrulha do BOPE, e a sua precisão para ingressar em lugares inóspitos, onde quase ninguém tinha coragem de ir. Enfim, tinha um conhecimento básico, que me habilitava a estar com a tropa, sem que corresse tanto risco, ou mesmo que pudesse atrapalhar alguma incursão naquele terreno.

Além dessa experiência que tinha na área policial, desde o meu ingresso no Ministério Público, em 1989, sempre exerci minhas funções como Promotor de Justiça na área penal. Participei de inúmeras investigações envolvendo o crime organizado, principalmente no que diz respeito ao tráfico de drogas. Sabia das consequências nefastas que essa modalidade de atividade ilícita trazia para a população em geral, principalmente dos crimes que lhes são periféricos. Homicídios, roubos, furtos, lesões corporais, torturas, corrupção, enfim, o tráfico de drogas era um mal que devia merecer a repressão do Estado, principalmente nos lugares onde os traficantes insistiam em se autointitular "donos dos morros", onde somente suas regras prevaleciam.

Precisava estar ali, vivenciando aquele momento de retomada do poder pelo Estado, que nunca devia ter abandonado, como aconteceu durante anos a fio, as pessoas que moravam naquelas comunidades carentes.

Já havia conhecido, com o BOPE, outras comunidades pacificadas. Vi, de perto, a situação de abandono em 100% delas. Crianças esfomeadas, sujas, vivendo em barracos miseráveis, com seus pais desempregados, muitos deles viciados em drogas, alcoólatras, sem qualquer perspectiva de futuro. Por que tanto desprezo por parte de nossas autoridades? Por que ignorar essas pessoas, abandonando-as à própria sorte? Por que tanta corrupção? Que futuro terão essas crianças, cujo único referencial de poder são os traficantes de drogas, que ostentam suas armas?

Tínhamos que mudar esse referencial. Nas comunidades não pacificadas era comum encontrar desenhos feitos por crianças, que retratavam os traficantes fortemente armados, ou mesmo pessoas sendo torturadas e mortas. Para elas, isso era normal e, na verdade, a atitude correta. Nas brincadeiras de "polícia e ladrão", os meninos queriam ser o ladrão, já que a polícia era quem, para eles, significava o lado ruim da história.

Os criminosos levavam, segundo essa falsa concepção tida pelas crianças, uma vida de *glamour*, dando suas ordens, participando de bailes funk, resolvendo pequenos problemas na comunidade, como o pagamento de um enterro, a compra de um remédio ou de um botijão de gás, além de poderem conquistar a mulher que fosse do seu agrado. Nenhuma mulher, na verdade, lhes era impossível. As que não queriam, por sua vontade, ter algum relacionamento com esses criminosos, eram simplesmente estupradas. Para eles, inexistia a palavra "não". Tudo lhes era possível dentro do seu território. Tinham sua própria "justiça". Investigavam, acusavam, julgavam, condenavam e executavam suas próprias "sentenças", via de regra culminando na morte de alguém no chamado "micro-ondas".

Esse era o referencial. Era exatamente isso que grande parte dessas crianças gostaria de ser. Era esse o poder que almejavam, e não uma vida miserável, pedindo esmolas no meio da rua. Queriam poder, e esse poder só lhes era possível através do tráfico de drogas, já que o Estado não lhes dava a dignidade que mereciam. Por isso, por mais que criminosos fossem mortos, sempre havia outros para substituí-los. Na verdade, a fila era enorme. Havia sempre muito mais candidatos do que vagas no tráfico. Não lhes importava o risco de morrer em algum confronto com a polícia, ou mesmo por conta de outra facção criminosa, numa luta por territórios. Para eles, numa concepção equivocada, valia a pena o perigo.

Era chegada a hora de ser retomado um dos maiores redutos do Comando Vermelho, que impunha o terror não somente naquela região, mas em toda a cidade do Rio de Janeiro. Já se dizia que a operação policial seria comparável à de uma guerra. Por isso, muitos já cogitavam a chamada "guerra do alemão". O confronto parecia inevitável. Naquele local estava concentrada a maior população de membros pertencentes ao Comando Vermelho.

A imprensa noticiou, por muitos anos, o vai e vem dos traficantes portando seus fuzis, suas festas, regadas a bebidas e drogas, com mulheres desfilando seminuas. Era um verdadeiro formigueiro de criminosos. A polícia teria um trabalho enorme pela frente. O planejamento estratégico teria que ser perfeito. A população inocente não poderia sofrer, mais do que já vinha sofrendo, por conta dessa batalha que estava prestes a acontecer.

Muitos moradores estavam abandonando suas casas, amedrontados. A polícia, acima de qualquer coisa, tinha que preservar a vida e a integridade dessas pessoas, bem como seu escasso patrimônio. Era justamente por isso que essa retomada estava sendo planejada, ou seja, para que os moradores daquela comunidade pudessem ter sua dignidade resgatada. Essa missão teria que ser cumprida com sucesso, e eu queria fazer parte dela.

A imprensa de diversos países tinha suas lentes voltadas para aquela comunidade. As notícias se espalhavam pelo mundo. Todos esperavam, ansiosos, por um desfecho bem-sucedido. A polícia estava unida com um propósito: livrar a população daqueles criminosos.

1. Alvo utilizado na instrução de tiro no BOPE.

2. Recebendo as instruções de tiro Cap. Monteiro.

3. Com o Sgto. Carlos (de costas) e Major Zé Pedro (uma lenda viva do BOPE), durante um curso da SWAT, onde todos foram instrutores.

4. Durante instrução de tiro de fuzil.

5

6

7

5, **6** Curso de Negociação e Gerenciamento de crise, na Polícia Militar da Paraíba, ministrado pelo Ten. Cel. Onivam.

7. Recebendo o diploma das mãos do Ten. Cel. Onivam, do curso de negociação e gerenciamento de crise.

11

DIAS MELHORES 1

MONTEIRO

A equipe que fez a apreensão da droga levou muito tempo para descer com tudo o que havia encontrado. Afinal, duas toneladas não são dois quilos. Como a noite já estava chegando, a outra equipe voltou para nossa base, que se encontrava no 16º Batalhão, localizado no bairro de Olaria, próximo ao Complexo do Alemão.

Nossa equipe, no entanto, permaneceu dentro do Complexo da Vila Cruzeiro. Passaríamos a noite ali, escondidos, camuflados, sem permitir que ninguém soubesse da nossa presença. Aquele território já era nosso e não iríamos abrir mão dele, recuando. Assim, só tínhamos uma alternativa: seguir em frente.

Uma parte de nossa equipe havia incursionado alguns metros à nossa frente. Encontraram a residência de um dos chefes do tráfico do Complexo da Vila Cruzeiro, que havia sido abandonada. Depois da intensa troca de tiros, os traficantes perceberam que não conseguiriam resistir por muito tempo. À medida que íamos progredindo, dominávamos pedaços daquele terreno. Nossa técnica garantia nossa superioridade.

Ao chegarem na mencionada residência, no início da noite, verificamos a vida de luxo que levava um chefe do tráfico de drogas, mesmo no interior de uma comunidade carente. Internamente, sua casa se parecia com qualquer outra da zona sul da cidade. As aparelhagens mais modernas, televisores de plasma e LCD, móveis caros, bebidas com valor incalculável, perfumes importados, piscinas, banheiras de hidromassagem, pistas de dança, choperia, enfim, aquele era o mundo deles, e somente ali podiam gastar o dinheiro obtido ilicitamente.

Por fora, era uma construção sem muita ostentação; por dentro, um luxo comparável ao da classe alta.

Assim, uma parte de nossa equipe permaneceu no bar e outra na casa pertencente a um dos chefes do tráfico. Aquela altura, não tínhamos comido nada ainda. Graças a Deus pela comida do Baratão. Eram naqueles momentos que a comida do nosso chefe de cozinha fazia mais falta. No entanto, temos outras habilidades também. No nosso grupo havia um policial conhecido carinhosamente como "Bebezito". Era um guerreiro, mas, ao mesmo tempo, uma criança. Mesmo diante de um tiroteio intenso, Bebezito sempre sacava uma frase para nos descontrair. O Afeganistão era ali, mas parecia, por conta do Bebezito, que estávamos na Disneylândia.

Além de ser um dos camaradas mais engraçados que já conheci, Bebezito tinha um dom: era um chefe de cozinha nato. Para ele, qualquer farinha se transformava em tutu. Para nossa felicidade, ao entrar naquela residência abandonada, Bebezito se dirigiu ao local que mais gostava: a cozinha. Ao chegar à despensa da casa, Bebezito deu um grito: "Senhores, jantar em uma hora".

Em pouco mais de uma hora, tínhamos diante de nós dois pratos. O principal era uma *paella* espanhola, com direito a camarão, lula e outros frutos do mar; antes do prato principal, contudo, Bebezito, para abrir o apetite, preparou uma canja. Vale lembrar que, em virtude da nossa condição e da fome de que estávamos acometidos, agíamos, é bom frisar, em estado de necessidade, comendo todo o estoque deixado pelo chefe do tráfico de drogas.

Quando terminou de fazer a comida, Bebezito nos passou um rádio, convidando a outra parte de nossa equipe para o banquete. Imediatamente, ao vermos a comida preparada por Bebezito, deixamos de lado o pensamento no querido Baratão e caímos, com força, naquela refeição. Comemos tudo, sem deixar qualquer rastro nos pratos. Se fosse realizada perícia no local, seria difícil descobrir qual a comida servida. Ao final, como de costume, passamos o pão para retirar os últimos vestígios. Brincadeiras à parte, sabíamos que aquela refeição seria muito importante para nós, pois não tínhamos ideia de quando comeríamos novamente. Assim, não desperdiçamos nada e ganhamos força para continuar o combate.

Infelizmente, nosso querido amigo Bebezito faleceu, alguns anos depois, vítima de uma emboscada, no bairro Fazenda Botafogo, próximo a Acari.

Enquanto jantávamos, aproveitamos para assistir aos noticiários na televisão. Passamos a entender a situação como um todo e a repercussão da nossa incursão àquela comunidade. A imprensa do mundo inteiro passou a se interessar pela nossa missão. Todos queriam que continuássemos, que retirássemos aquele território do domínio do tráfico. Ficamos admirados e motivados com o apoio da população. Ninguém suportava mais ver traficantes circulando com fuzis, ostentando seu falso poder.

Após o jantar, parte de nossa equipe voltou ao bar, pois era um ponto extremamente estratégico; a outra parte permaneceu na casa. Todos aproveitaram aquele momento de trégua para entrar em contato com suas famílias que, até aquele instante, não tinham notícias a nosso respeito e deviam estar preocupadas por conta das informações veiculadas pela mídia.

Quando liguei para minha esposa, ouvi sua voz aliviada. Ela e meu filho me informaram que ficaram se revezando, fazendo pesquisas na internet, a fim de tomar conhecimento de toda a situação, principalmente se havia algum policial ferido ou morto durante os confrontos.

Para nossa segurança, de acordo com o padrão que adotamos, nos revezávamos em turnos para dormir. Assim, cada um de nós ficava responsável pela segurança da equipe durante o seu turno, que era de, aproximadamente, uma hora. A vigilância não podia falhar. A vida de todos dependia da nossa atenção. A qualquer momento, se fôssemos descobertos, seríamos atacados, pois os traficantes, mais do que ninguém, conheciam bem aquele terreno e, para eles, nós éramos os invasores.

Na verdade, mesmo confiando cegamente em nossos companheiros que faziam a guarda, ninguém conseguia dormir. Apesar do cansaço, da fadiga, das dores musculares, a adrenalina era de tal ordem, que se tornava impossível dormir. Só pensávamos em como seria o combate no dia seguinte. Sabíamos que os traficantes não deixariam barato.

A perda do primeiro dia foi grande e, com toda certeza, ainda havia muito mais a ser descoberto.

No primeiro dia, além das duas toneladas de maconha, ficamos sabendo, através da mídia, que outras equipes encontraram uma quantidade considerável de armas, principalmente fuzis, além de outra partida de drogas. Também foi noticiado pela imprensa que alguns traficantes haviam morrido ou dado entrada, feridos, em hospitais da região. Os feridos foram presos; os mortos, ninguém pode afirmar onde estão agora, mas acredito que não estejam no céu.

Durante a noite e a madrugada, não ouvimos nenhum disparo. O único som audível era o do latido dos cachorros. As pessoas que residiam naquela comunidade, mesmo sabendo do perigo de uma troca de tiros iminente, ainda assim insistiam em voltar para suas casas. Parece que ficavam alheias a tudo que acontecia ao redor. Há, na verdade, uma banalização da violência. Troca de tiros em comunidades passou a ser natural, infelizmente. Por outro lado, para onde iriam essas pessoas? Dormiriam nas ruas? Muitas delas não tinham casas de parentes para se abrigar. Enfim, é um problema complicado que foge às nossas condições. Na verdade, a solução deveria vir por parte do Estado, que há muito tempo vem se omitindo, adotando a chamada "política do avestruz".

1, **3** e **4**. Armas apreendidas: metralhadoras .30 e lança rojões-antiaéreas, fuzis, granadas e munições.

3

4

2. Policial Ramos, do BOPE – "Bebezito", o nosso cozinheiro no Complexo da Penha – Morto em fevereiro de 2011.

12

DIAS MELHORES 2

MONTEIRO

O dia ainda estava clareando, por volta das 5:30 da manhã, e todos nós já estávamos prontos para continuar a missão. Assim que os primeiros raios de sol surgiram, com eles vieram os tiros de fuzis. Parecia que os traficantes queriam nos despertar com o nosso som preferido. Mais uma vez, a troca de tiros foi intensa. Bebezito não teve tempo de fazer o café da manhã. Pensei que acordaria e que comeria ovos com torrada, bacon e tudo o mais. No entanto, recolhemos tudo de comestível que poderia ser aproveitado, colocamos em nossas mochilas e voltamos para o combate.

Esse suplemento alimentar foi importantíssimo, uma vez que, ao contrário do que ocorreu na noite anterior, que tivemos um verdadeiro banquete, o almoço não nos esperava. Assim, aqueles pacotes de biscoito, algumas bananas e um pouco de balas, que levamos pensando na glicose que continham, ajudaram a matar um pouco a nossa fome. Na guerra, qualquer biscoito vira filé-mignon.

Como aquele perímetro já estava dominado, a ideia era continuar progredindo, empurrando os traficantes, tentando confiná-los em uma determinada região.

Ao amanhecer, outras equipes do BOPE também ocuparam aquele local. O cenário era de guerra. Com a luz do dia, tivemos uma noção melhor do que havia acontecido no dia anterior. Havia carros completamente incendiados, motos (de grandes cilindradas) espalhadas às dezenas, pequenos focos de incêndio, casas completamente destruídas pelos disparos dos fuzis, postes derrubados.

Pouco a pouco, íamos progredindo, fazendo novos perímetros. Mesmo que ainda timidamente, já era possível ver a alegria dos moradores com a nossa presença e a expulsão dos seus algozes. Quem pensa que, normalmente, as pessoas dessas comunidades gostam da presença dos traficantes está completamente enganado. Na verdade, cada comunidade tem sua característica, que é diferente uma da outra. O Complexo da Vila Cruzeiro e o Complexo do Alemão, dominados pelo Comando Vermelho, eram comandados por traficantes que não tinham vínculos com a comunidade local. Para não ser absoluto, é claro que um ou outro era "cria" da comunidade, ou seja, havia crescido ali e conhecia de perto os moradores. A maioria, no entanto, era puramente mercenária. Estava ali pelo tráfico e pela falsa sensação de poder que isso carregava.

Na Vila Cruzeiro, o gosto da liberdade já estava fazendo parte dos rostos dos moradores. Por onde passávamos, ao contrário do que ocorria em outros tempos, éramos bem recebidos. Os moradores nos ofereciam copos com água gelada, café, pão com manteiga, biscoitos, enfim, a cortesia já era um sinal de boas-vindas. Se, por um lado, os moradores nos tratavam com gentileza, por outro, praticamente em cada viela, éramos recebidos com tiros de fuzis. Mesmo assim, não recuávamos. Quem deveria recuar eram os traficantes. Para eles, era uma guerra perdida. Era questão de tempo fincar nossa bandeira em todo aquele território.

À medida que progredíamos, íamos descobrindo outras casas pertencentes aos chefes do tráfico de drogas. Essas casas eram sempre muito bem equipadas, com todo o conforto. No entanto, as demais casas, que circundavam aquelas consideradas de luxo, eram de uma pobreza comparável a dos moradores do Haiti.

No Direito existe a chamada *res derelicta*, ou seja, a coisa entendida por abandonada, que já pertenceu a alguém, mas foi renunciada. Quando alguém abandona algo, deixa de ser seu legítimo dono, seu proprietário, permitindo, assim, com que qualquer pessoa dela possa se apropriar. Apoiados nesse princípio jurídico, tivemos a ideia de distribuir esses bens móveis, abandonados pelos traficantes, àquela população miserável.

A primeira a ser agraciada foi uma senhora, que contava com, aproximadamente, 60 anos de idade. Sua casa, ou melhor, seu barraco, era digno de dó. Sua geladeira teve que ser vendida para o ferro velho, pois já não se prestava mais para a função para qual havia sido fabricada. Conhecemos essa senhora quando de uma busca pelo local. Todos da equipe se sensibilizaram com aquela situação. Como a casa abandonada pelo traficante, que não voltaria mais para aquele local, tinha uma geladeira nova, em excelente estado de conservação, resolvemos entregá-la àquela senhora. Na verdade, a geladeira com que foi presenteada valia mais do que o seu barraco e de tudo que havia ali dentro. Ver a felicidade e a gratidão estampadas no rosto daquela mulher sofredora, esquecida pelo Estado, compensava o risco que corremos naquele dia.

A doação da geladeira foi a primeira de muitas que seriam feitas naquele dia. Quando as pessoas da comunidade souberam disso, passaram a nos procurar, pedindo algum tipo de auxílio. Assim, pouco a pouco, a casa daqueles que ocupavam uma posição hierárquica superior no tráfico local foi, agora sim, cumprindo com sua função social. Colchões, fogões, aparelhos de micro-ondas, camas, sofás, cadeiras, mesas, tudo foi sendo doado àqueles que realmente precisavam.

Houve um caso interessante de um senhor que nos pediu um aparelho de ar-condicionado instalado na mencionada casa. Na verdade, não era um simples aparelho, mas um split, de última geração. Humildemente, esse senhor disse que, se fosse possível, gostaria muito de receber aquele aparelho como doação. Antes, no entanto, fomos até a sua casa e percebemos que não seria possível, pois a parede não suportaria o peso do aparelho, que ainda teria que ser levado com o compressor. Ele, educadamente, entendeu a situação e nos agradeceu.

A todo o momento, no entanto, havia troca de tiros, seja com a nossa equipe, ou mesmo com outras que estavam incursionando naquele dia. Até esse momento, somente as equipes do BOPE estavam presentes no interior do Complexo da Vila Cruzeiro. Quando não estávamos em combate, era possível ouvir os tiros desferidos de outras partes da comunidade.

A progressão não cessava. Era possível perceber que os traficantes estavam cada vez mais desesperados. Tal como acontece em uma guerra, inicialmente, os confrontos são generalizados, ou seja, os embates acontecem em quase todo o território; posteriormente, esses combates passam a ser pontuais, principalmente pelo fato de que, à medida que progredimos, vamos ganhando terreno e nos estabelecendo.

O desespero maior por parte dos traficantes era que, com a nossa progressão, eles sabiam que estávamos chegando perto dos paióis, ou seja, dos lugares onde guardavam seus armamentos, bem como de outros locais onde escondiam as drogas. Assim, o fogo era intenso. Atiravam como loucos. No entanto, pela nossa experiência, acabávamos desconfiando de que alguma coisa grande havia por ali, pois, caso contrário, a resistência não seria tão intensa.

Isso fazia com que avançássemos contra eles aplicando todas as nossas táticas e técnicas de combate. Como nossas equipes estavam divididas e organizadas, eles ficavam perdidos, sem saber para que lado atirar.

À medida que a equipe avançava, era iniciada a procura por drogas e armamentos. Os traficantes, normalmente, escondiam as drogas e armas embaixo da terra, se utilizando de galões, e também em caixas d'água, forros de telhado, caixas de descarga de vasos sanitários, debaixo de entulho de lixos, entulhos de materiais de alvenaria, galerias de esgoto, enfim, a imaginação e a criatividade desses criminosos eram invejáveis. Na verdade, esses locais eram mais apropriados para as armas, uma vez que as drogas, normalmente, eram acondicionadas em edificações, já que a quantidade era muito grande.

O cansaço e a fadiga aumentavam gradativamente. Já havia passado do meio-dia e, como levantamos muito cedo, nosso organismo já pedia algum alimento. Mais uma vez nos lembramos de nosso chefe de cozinha, o Baratão, e a falta que fazia o seu rotineiro feijão com arroz. São nesses momentos que damos valor às menores coisas. Muitos têm frescura para comer porque têm de tudo à mesa. Quando você não tem nada, qualquer jiló tem valor. Lembrei-me dos biscoitos que tinha levado na mochila, os quais tinham sido abandonados na casa de um dos líderes do tráfico local. Imediatamente, peguei o pacote de biscoito e comecei a comer. Como cada um de nós tinha levado algo diferente, acabamos por fazer o nosso piquenique, juntando tudo. A água ficava por conta das torneiras que encontrávamos. Provavelmente, tempos depois, a diarreia chegaria. Era inevitável. Já éramos íntimos da infecção intestinal.

O calor e a perda excessiva de líquido nos deixavam debilitados, mas a força de vontade de retomar aquele território e libertar aquelas pessoas que ali moravam nos fazia superar as nossas debilidades.

Em determinado momento, paramos para checar o material e percebemos que nossa munição estava se esgotando, devido às intensas trocas de tiros. Assim, fizemos contato com o posto de comando, que foi estruturado no 16o Batalhão e informamos sobre a necessidade de mais munição, bem como de ração (isto é, alimentação). Em resposta, recebemos a informação de que em determinado ponto havia uma equipe que nos reabasteceria. Dirigimo-nos à essa base avançada estabelecida dentro da comunidade, no local dos confrontos, e nos reabastecemos. Essa base serviu de apoio a todas as equipes. Pegávamos munição à vontade, de acordo com que achávamos necessário. Ao contrário do que ocorre normalmente, não era possível relacionar a quantidade de munição solicitada, pois estávamos numa situação excepcional.

Essa base foi montada também em uma das casas abandonadas pelos traficantes locais, pois são estrategicamente localizadas e oferecem um alto grau de proteção, e estava sendo coordenada pelo Ten.-Cel Fábio, que era o subcomandante administrativo do BOPE, responsável pela parte logística da unidade.

À medida que ganhávamos terreno, a população cada vez mais acreditava na nossa missão. No entanto, o que ouvíamos com frequência era que se a polícia saísse dali, imediatamente os traficantes voltariam e, com toda certeza, haveria retaliação por qualquer tipo de colaboração. Havia um misto de alegria e medo; de segurança e desconfiança. Tudo era muito recente. As pessoas não estavam acostumadas a ser livres.

No entanto, as denúncias começaram a ser mais frequentes. Recebíamos cartas anônimas dos moradores denunciando possíveis locais de armazenamento de drogas e armas. A quantidade apreendida de fuzis era fora do normal. Desde o fuzil Ruger 556, até HK G3 762, sendo este último o fuzil dos sonhos de todo traficante.

Havia rumores de que no Complexo do Alemão e no da Vila Cruzeiro os traficantes haviam adquirido várias armas antiaéreas, tais como metralhadoras .30, .50 e lança rojões. Com base em informações obtidas na própria comunidade, começamos a busca por essas armas. Tínhamos que encontrá-las a qualquer custo, uma vez que, se fossem utilizadas contra nossos helicópteros e veículos blindados, a carnificina seria geral.

Ainda trazíamos na memória nosso helicóptero sendo abatido no morro dos Macacos. Isso não voltaria a acontecer. Era uma questão de honra retirar daqueles traficantes um poderio bélico tão grande. Como os armamentos eram muito pesados, e não podiam ser facilmente carregados, os traficantes, durante a fuga, acabaram deixando-os à vista, dentro das casas. Nem sequer tiveram tempo de escondê-los. A perda, para eles, foi grande.

O preço médio de um fuzil, vendido a um desses traficantes, variava entre 40 e 60 mil reais, dependendo do estado e do calibre, bem como da quantidade de carregadores que o acompanhava.

A tarde estava no fim e a noite já se aproximava. O cansaço era evidente. Precisávamos de um lugar para relaxar. O dia havia sido muito tenso, com troca de tiros e apreensões de drogas e armas. Os traficantes daquela região ficavam cada vez mais abatidos e enfraquecidos, pois suas perdas eram grandes e evidentes.

Mesmo com a intensa troca de tiros durante o dia, pela graça de Deus não houve nenhuma baixa de nossos policiais, nem mesmo ferimentos de relevo. Com relação aos traficantes já não se podia dizer o mesmo.

1

1. Cap. Luz (à esquerda), Sarg. Moraes (à direita) e no fundo Sarg. Roca.

2. Combatente do BOPE no cenário de guerra – Complexo da Penha, Subten. Gripp – Morto em combate no dia 20 set. 2013.

2

3. Drogas apreendidas no Complexo da Penha.

13

DIAS MELHORES 3

MONTEIRO

No final do segundo dia, fiz contato com o Ten.-Cel. René e fui informado de que todos os homens do BOPE estavam se dirigindo ao Batalhão. Todos queriam participar, mesmo aqueles que estavam gozando férias ou de licença. A batalha era grande e precisávamos do maior número de combatentes possível.

Isso era comum entre nós. Levávamos a sério os nossos 11 mandamentos, que dizem:

- Agressividade controlada;
- Controle emocional;
- Disciplina consciente;
- Espírito de corpo;
- Flexibilidade;
- Honestidade;
- Iniciativa;
- Lealdade;
- Liderança;
- Perseverança;
- Versatilidade.

Naquele momento, precisávamos, principalmente, colocar em prática o quarto mandamento, ou seja, o espírito de corpo.

O Ten.-Cel. René, além de informar que nossos companheiros do BOPE estavam se preparando para nos ajudar, disse ainda que estava em contato com a Marinha, negociando a possibilidade de apoio, principalmente com a utilização dos veículos blindados, uma vez que os caveirões do BOPE não tinham como incursionar na comunidade. Por outro lado, os blindados da Marinha, vale dizer, o M-113 (o blindado mais conhecido do mundo) e o Clanf (carro sobre lagartas anfíbio), podiam ingressar facilmente em qualquer lugar, conduzindo os policiais do BOPE a qualquer ponto no interior da comunidade, pois para eles não havia obstáculo que não pudesse ser transposto.

O dia seguinte prometia. Antes, contudo, outra batalha tinha que ser vencida: a burocracia.

Tinha-se a impressão de que as autoridades não conseguiam enxergar a gravidade da situação. Por mais que estivéssemos dispostos a conquistar aquele local, mesmo pagando o preço com nossas vidas, se pudéssemos preservar nossos policiais essa, com certeza, seria a melhor opção, e o Ten.-Cel. René tinha plena convicção disso.

O Ten.-Cel. René era um subcomandante experiente. Sabia e entendia das nossas necessidades para o sucesso da operação. Além dele, havia também o Cel. Pinheiro Neto que, à época, exercia suas funções no Comando-Geral da Polícia Militar. Era um estrategista nato. Também tinha sido comandante do BOPE. Comandando o BOPE, estava o Ten.-Cel. Paulo Henrique que, juntamente com o alto comando da PM, havia organizado toda a retomada daquela comunidade. Enfim, havia um grupo de policiais militares altamente capacitados, que não paravam de pensar a nosso favor, em nossa integridade, em nossa segurança e na segurança da comunidade daquele local. Tínhamos, portanto, não somente que ir, mas (principalmente) vencer aquela batalha.

Por volta das 20 horas, o Ten.-Cel. René entrou em contato, confirmando que, no dia seguinte, receberíamos o apoio da Marinha e seus blindados. Esse apoio seria o tiro de misericórdia àqueles criminosos.

Como nas noites anteriores, os tiros cessaram. Independentemente de estarmos ou não sendo atacados, nosso alerta era máximo. Não podíamos deixar que o cansaço e o calor tirassem nossa atenção. Precisávamos estar alerta o tempo todo.

Mais uma vez, nos lembramos do Baratão. Além dele, por mais incrível que isso pudesse parecer, também sentíamos saudades do alojamento do quartel. Aquele pedaço de colchonete, que tenta cobrir os estrados da cama, fazia uma falta tremenda naquele local. Nossa alternativa era mesmo o chão duro. Que falta que fazia um chuveiro! Estávamos já há dois dias sem tomar banho. Nosso cheiro era insuportável. Ainda bem que todos nós estávamos assim e ninguém podia reclamar um do outro. Nessas ocasiões é que damos valor às coisas básicas.

As noites eram intermináveis. Parecia que o tempo não passava. Por mais que quiséssemos, não conseguíamos relaxar. Nessa noite, ao contrário da anterior, as equipes resolveram fazer um patrulhamento noturno com o objetivo de surpreender os criminosos. Essa era nossa especialidade. O elemento surpresa fazia parte do nosso treinamento. De vez em quando, nossas patrulhas se deparavam com pequenos grupos de traficantes e o confronto era inevitável. Nesses confrontos, infelizmente, já que relutavam a se entregar, alguns traficantes saíam feridos ou mortos.

Quando a minha patrulha estava progredindo, nos deparamos com um grupo de, aproximadamente, seis traficantes que, ao perceberem a nossa presença, efetuaram inúmeros disparos em nossa direção. Ao revidarmos, casualmente acertamos um dos traficantes, que trazia consigo uma mochila, além de um fuzil AK 47, calibre 762. Dentro da mochila encontrava-se uma granada. Para infelicidade desse criminoso, e de alguns de seu grupo que estavam próximos a ele, o tiro acertou a granada que estava dentro da mochila, fazendo-a explodir. Toda a equipe ficou surpresa e impressionada com a cena, nunca antes vista. Parecia uma cena de cinema, mas era a pura realidade.

A patrulha durou a noite toda. Depois desse combate, a adrenalina estava a mil e preferimos continuar nosso trabalho. Ninguém pensava em dormir; ninguém conseguia dormir. Esse foi o único confronto da noite, embora ouvíssemos o som dos tiros, dos confrontos que eram travados por outras equipes. Parecia que ninguém queria dormir.

Engraçado como as coisas funcionam no BOPE. Parece, realmente, que somos um só corpo. Pensamos da mesma forma o tempo todo. Isso é o que mais me atrai no Batalhão.

Ficar sem dormir já era um hábito de todos nós. Nos cursos de preparação, a exemplo do que ocorria com o CAT (Curso de Ações Táticas) e o COEsp (Curso de Operações Especiais), as madrugadas são nossas maiores companheiras. Inúmeras instruções são realizadas à noite. Assim, nos acostumamos e, no fundo, acabamos gostando disso.

Muitas pessoas me perguntam por que os cursos são tão desgastantes e, muitas vezes, cruéis. Nessas horas é que valorizamos tudo aquilo que aprendemos, e vemos a importância de estarmos bem preparados, bem treinados nos terrenos mais inóspitos. Aprendemos a sobreviver. Somos obrigados a sobreviver. Sobrevivemos.

Nesses cursos, aprendemos a operar corretamente e em diversos tipos de terreno. Infelizmente, nem todos os policiais têm o privilégio de realizá-los, sendo que muitos, por outro lado, não se sabe exatamente o motivo, não dão o devido valor. Acham que já nascem sabendo. No entanto, quando "o tiro está comendo" é que percebem o quanto seria bom ter aprendido a combater corretamente, o quanto sua vida, ou mesmo sua integridade física, e também a de seus companheiros, agradeceriam por isso.

Nos cursos são ministradas diversas instruções. Aprendemos a patrulhar, a progredir em qualquer tipo de terreno, a efetuar tiros com precisão, a nos defender sem o recurso das armas, em um combate corpo a corpo, a descer montanhas e edificações através da técnica de rapel, operar com aeronaves, reconhecer e utilizar todo o tipo de armamento, a mergulhar, escalar montanhas, sobreviver na selva, efetuar os primeiros socorros, enfim, nosso treinamento é o mais completo possível.

A maioria não consegue chegar até o fim. Os desgastes físico e emocional são gigantescos. Inúmeros alunos desistem antes mesmo de chegarem ao local onde são ministrados os cursos. Pedem para sair ainda quando estão embarcados no caminhão, durante a chamada semana zero. E olha que os cursos podem chegar a ter 16 semanas. Para conseguir o brevê, seja do CAT ou do COEsp, o aluno tem que querer muito.

Na verdade, como diz nosso lema:

> *"Os covardes nunca tentam; os fracos ficam pelo caminho; só os fortes vencem."*

Os Mandamentos do BOPE

Agressividade controlada

Controle emocional

Disciplina consciente

Espírito de corpo

Flexibilidade

Honestidade

Iniciativa

Lealdade

Liderança

Perseverança

Versatilidade

1. Alunos dos cursos do BOPE: Operações Especiais e Ações Táticas.

2. Desfile de 7 de setembro – Na frente da tropa Cel. Paulo Henrique, à época comandante do BOPE – Avenida Presidente Vargas.

14

DIAS MELHORES 4

MONTEIRO

O dia mal tinha começado, uma equipe de motociclistas batedores do Batalhão de Choque foi até o Batalhão de Fuzileiros Navais, a fim de escoltar os blindados que seriam conduzidos até o Complexo da Vila Cruzeiro. Graças a Deus, as negociações entre o Ten.-Cel. René e a Marinha do Brasil tinham dado certo. A Marinha havia compreendido a gravidade da situação e, mesmo não existindo formalmente uma guerra, sabíamos que, na prática, era isso mesmo que ocorria.

Por volta das 9 horas da manhã do dia 25 de novembro de 2010, os blindados chegaram e ficaram posicionados na rua ao lado do 16o Batalhão. A cena, pelo que me disseram, era incrível. Aquela fila enorme de blindados, se deslocando pela avenida Brasil, era uma demonstração de força do Estado jamais vista. Era gratificante saber que todas as forças estavam unidas no combate contra criminosos que, durante anos a fio, impuseram seu regime de terror. Polícia Militar, Polícia Civil, Polícia Federal e Marinha estavam lutando juntas, em prol de um objetivo comum, ou seja, levar a necessária paz para aquela comunidade sofrida. Na verdade, a paz era para todos nós.

A força dos blindados era assustadora. Passavam por cima de qualquer obstáculo e/ou barricada construídos pelos traficantes. Os automóveis que eram deixados pelo caminho viravam latas de sardinha. Os blindados passavam por cima deles com uma facilidade tremenda.

Várias outras equipes do BOPE embarcaram nos blindados e seguiram em direção ao alto do Complexo da Vila Cruzeiro. O calor dentro dos blindados era insuportável e girava em torno dos 50 graus. Imagine um calor de 50 graus misturado ao fato de que o policial estava completamente equipado. Cada um de nós suava como se estivesse tomando banho de chuveiro. Escorriam rios de suor por todo o corpo. O cheiro... melhor deixar para lá.

Com a chegada dos blindados, nossa equipe, que já estava no interior da comunidade desde o dia 23 de novembro de 2010, se sentiu mais segura para incursionar e vasculhar o restante do terreno. Com eles tudo ficava muito mais tranquilo. Deixávamos de ser alvos fáceis para os traficantes. Os tiros recebidos nem sequer arranhavam a pintura, exagerando, obviamente. Era como se jogassem bolas de gude. O barulho dos projéteis atingindo os blindados era agudo. Perda de tempo. Desperdício de munição.

O Ten.-Cel. René havia embarcado em um deles. Durante a incursão, ouviu barulhos de tiros atingindo a blindagem do veículo. Como disse antes, esses tiros eram pura perda de tempo, já que não impediam o avanço e tampouco ultrapassavam a blindagem. Nesse momento, o Ten.- Cel. René, percebendo que dentro do blindado havia uma metralhadora antiaérea .50, que, em casos de necessidade, poderia ser instalada na escotilha, sugeriu ao atirador da Marinha que fizesse o disparo contra aqueles que o atacavam. Em resposta, muito assustado, o atirador disse que não poderia fazer, ou seja, não estava autorizado a revidar qualquer ataque com armamento pesado. Sua missão era apenas efetuar o transporte das tropas do BOPE.

Com um sorriso no rosto, típico do Ten.-Cel. René, ele retrucou: Tô brincando.

Além dos blindados conduzirem as tropas para o alto da Vila Cruzeiro, deixando-as em pontos estratégicos, também faziam a derrubada das contenções que eram construídas pelos traficantes.

A imaginação desses criminosos não tinha limite. Jogavam, ainda, centenas de litros de óleo diesel, ladeira abaixo, visando também dificultar, ou mesmo impedir a subida de qualquer veículo. Parecia que esses traficantes haviam se valido de algum manual de guerrilha, pois utilizavam de todas as táticas de contenção imagináveis. No entanto, a lagarta do blindado desconhecia qualquer dificuldade.

Parecia uma cena de filme ver aqueles veículos ingressando comunidade adentro. A população, curiosa, avistava tudo pelas janelas. Agora, com o apoio da Marinha brasileira tínhamos aproximadamente 250 combatentes do BOPE dentro da comunidade. Esse auxílio foi fundamental para nossa missão.

A situação estava ficando cada vez mais complicada para os criminosos. As equipes passaram a ter mais facilidade no patrulhamento, ocupando pontos estratégicos que, antes do auxílio dos blindados, somente poderiam ser tomados à base de muita troca de tiros.

Essa junção de forças – Marinha e BOPE – assustou sobremaneira os traficantes, que já não sabiam mais o que fazer. No entanto, sempre existiam os focos de resistência, e o confronto era inevitável. Tínhamos que estar atentos a qualquer movimento, principalmente pelo fato de que, embora muitos de nós fossem transportados pelos blindados, não podíamos esquecer que não permanecíamos neles, e tínhamos que desembarcar e fazer a varredura completa do terreno, em busca de drogas, armas e também com a finalidade de prender esses criminosos.

O Complexo da Vila Cruzeiro começava a ser totalmente dominado pelas forças públicas. Isso fez com que os traficantes fugissem em direção às comunidades do chamado Complexo do Alemão.

A divisão entre os complexos do Cruzeiro e o do Alemão era feita por torres que existiam na parte mais alta do morro.

Por volta das 15 horas, o tempo começou a se fechar. Os traficantes resolveram voltar a efetuar disparos em direção às equipes do BOPE. Não sabiam, contudo, que várias equipes haviam ocupado os pontos altos e estratégicos. Naquela época, o Complexo da Vila Cruzeiro era comandado por um traficante de drogas conhecido por FB. Seu nome era Fabiano Atanásio da Silva, sobre quem a polícia e a sociedade carioca, de forma geral, conheciam bem, em virtude das inúmeras atrocidades por ele praticadas. FB dominava sua comunidade com mão de ferro, instalando, inclusive, câmeras de segurança para que tivesse condições de monitorar toda a movimentação, incluindo a aproximação de policiais. Assim, sua fuga era facilitada, em razão do conhecimento sempre antecipado da entrada da polícia.

FB começou cedo no mundo do crime. De acordo com o Disque Denúncia, no ano de 2000, com apenas 24 anos de idade, FB já era apontado como o chefe do tráfico no morro do Urubu, em Pilares, Zona Norte do Rio de Janeiro, mas perdeu o controle do morro para uma facção rival, conhecida por ADA (Amigos dos Amigos), travando uma guerra entre a facção por ele pertencente, vale dizer, o Comando Vermelho e a ADA, por mais de dois anos, visando a retomada dos pontos de venda de drogas. A tentativa de retomada do morro aconteceu no dia 6 de setembro de 2001, duas semanas depois da invasão ao conjunto do Quitungo, onde houve a morte de 13 integrantes da quadrilha de FB. Em 2002, FB foi preso após uma tentativa de invasão à comunidade do Faz Quem Quer. Tempos depois, fugiu do sistema prisional, juntamente com outros 40 detentos, da Casa de Custódia Jorge Santana, no complexo penitenciário de Bangu, através de um túnel de 15 metros, escavado até um rio que fica atrás da unidade. Em 2008, foi um dos mentores do sequestro de diplomatas chineses. Em 2009, atacou policiais da DRF – Divisão de Roubos e Furtos –, próximo à favela de Manguinhos, que, à época, era dominada pelo Comando Vermelho.

No dia 17 de outubro de 2009, por volta das 10 horas da manhã, durante uma tentativa de invadir e dominar o morro dos Macacos, localizado no bairro de Vila Isabel, no Rio de Janeiro, o grupo de traficantes de drogas chefiado por FB atirou em direção ao helicóptero da Polícia Militar, o Fênix 03, obrigando o piloto a fazer um pouso forçado. Mesmo com a aeronave em chamas, o ato heroico do piloto conseguiu evitar uma catástrofe, pois naquela região existiam inúmeros prédios residenciais, mas o piloto, mesmo diante de uma pane, em virtude do disparo que acertou a aeronave, conseguiu pousá-la em um campo de futebol. Assim, através de sua bravura, conseguiu salvar muitas vidas. Nesse evento, três policiais militares acabaram falecendo. São eles: Izo Gomes Patrício, Marcos Stangler Macedo e Ednei Canazarro de Olivreira, a quem rendemos nossas sinceras homenagens por terem bravamente tombado em combate. As cenas de um dos policiais, o piloto da aeronave, saindo do helicóptero, se arrastando, com o corpo completamente em chamas, chocou o país. Esses traficantes haviam ultrapassado todos os limites. Já era a hora de acabar com essa suposta hegemonia. O Estado tinha que demonstrar a sua força.

Todos esses fatos vieram à nossa memória naquele momento. A troca de tiros se intensificava. No entanto, percebemos que à medida que nossa linha de fogo aumentava, a resistência dos traficantes ia diminuindo.

As equipes do BOPE resolveram fazer uma linha única de fogo. Os traficantes passaram a fugir, amedrontados com a situação. Nesse momento, percebemos que partiram em direção às torres que faziam a divisa entre os complexos da Vila Cruzeiro e do Alemão. Os canais de televisão transmitiam, ao vivo, a ação da polícia. Os helicópteros das redes de televisão, mesmo que a uma distância segura, faziam imagens como se estivessem dentro do local. As lentes de suas câmeras são poderosíssimas.

Uma dessas imagens, que também chocou o país, mostrava a concentração dos traficantes antes de partirem, em fuga, para as favelas do Complexo do Alemão. Havia um vaivém frenético por parte deles. Dezenas de motos, todas subtraídas de cidadãos trabalhadores, buscavam os traficantes. As motos eram ocupadas sempre por dois ou até mesmo três traficantes. Estavam perdidos, como ocorrem com as baratas quando são expostas à luz.

Alguns desses traficantes já estavam feridos. As imagens mostravam muitos deles mancando. Possivelmente atingidos durante a troca de tiros com a nossa tropa. Graças a Deus, nenhum de nossos policiais do BOPE foi baleado. Estávamos todos em segurança, por mais arriscada que fosse a situação.

Fizemos uma linha de fogo mais intensa ainda. Já estávamos nos aproximando do grupo criminoso. Essa nossa aproximação fez com que os traficantes entrassem em desespero. Embora tivessem deixado alguns criminosos fazendo uma linha de tiro, a finalidade desses disparos desesperados era tentar permitir a fuga da maioria do grupo.

As imagens de nossos companheiros, mortos no confronto entre esses mesmos traficantes, que tentaram invadir, um ano antes, o morro dos Macacos, não deixava a nossa mente. Tínhamos que prendê-los. Era uma questão de honra. A sociedade tinha que ficar livre desse grupo criminoso, que somente impunha o terror, praticando inúmeras atrocidades. Não valorizavam a vida. Não respeitavam ninguém. Mereciam ser presos.

1. Interior do blindado da Marinha.

2. Forças de segurança concentradas e se preparando para entrar no Complexo do Alemão.

3

4

5

3. Tropa do BOPE preparada para embarcar nos blindados da Marinha.

4. Tropa do BOPE embarcada no blindado da Marinha.

5. Cel. Mario Sérgio, à época comandante geral da PMERJ, cumprimentando os Fuzileiros Navais.

6. Helicóptero do GAM derrubado por tiros disparados por traficantes de drogas, no morro dos Macacos, ocasionando a morte de três policiais militares.

7. Ten.-Cel. René.

15

DIAS MELHORES 5

MONTEIRO

Durante muito tempo, aquela facção criminosa, comandada por FB, tentou manter a hegemonia do tráfico naquela comunidade. Devido à sua dimensão, com características de uma cidade, os complexos da Vila Cruzeiro e do Alemão eram quase que fortalezas impenetráveis. Seus becos, suas vielas, suas ladeiras, escadarias, sem contar as milhares de casas, faziam com que as incursões fossem infrutíferas, pois era quase que impossível chegar aos locais onde havia a concentração dos traficantes. Quando chegávamos, devido ao monitoramento com câmeras existente, não tínhamos os resultados esperados nas operações.

Assim, aquele momento, para nós, era ímpar. Nunca tínhamos tido uma oportunidade igual e não iríamos desperdiçá-la. Embora o Estado nunca tivesse admitido esse poder paralelo, na prática, todos sabíamos que ele existia. Esses complexos retratavam essa realidade.

Não adiantava negar aquilo que todo o mundo via. Os traficantes, andando armados com fuzis, ditando as regras nas comunidades, desfilando com motos potentes e caras, roubadas da população inocente, dirigindo carros de última geração, que eram, inclusive, utilizados nos seus "bondes" criminosos, ou mesmo para conduzir traficantes a outras comunidades do Rio de Janeiro.

Interessante que, uma vez, ouvi um traficante dizer que eles não infringiam a lei, pois a lei era feita por eles. Tinham, portanto, um mundo próprio, com regras próprias. Ali, efetivamente, administravam, legislavam e julgavam, ou seja, "grosso modo", exerciam as funções características dos poderes Executivo, Legislativo e Judiciário, por mais incrível que isso pudesse parecer. Era um Estado dentro de outro Estado. Isso não podia continuar. Era a hora do basta.

Os traficantes se achavam poderosos, donos absolutos daquele terreno. Nós estávamos ali paraqueeles entendessem o contrário. A sociedade precisava ser libertada do jugo desses criminosos. As crianças deveriam ter um outro paradigma, que não o do crime.

Estávamos nos aproximando de uma das cenas jamais vistas no Brasil, que ganhou, inclusive, destaque internacional. À medida que nossas forças de segurança iam avançando e dominando completamente o terreno, os traficantes iam se dirigindo para aquele que seria o único caminho de possível fuga. Essa rota de fuga era o elo que unia a comunidade da Vila Cruzeiro com a do Alemão, sem que fosse monitorada pela polícia.

Quando os traficantes dos dois complexos, pertencentes à mesma facção criminosa, ou seja, ao Comando Vermelho, promoviam seus bailes funk, regados a muita bebida e droga, esse caminho era utilizado para que eles circulassem, com segurança, de uma comunidade à outra, sem a interferência ou mesmo a possibilidade de uma ação policial. Assim, aquele trajeto era um velho conhecido e poderiam fazê-lo de olhos fechados.

Naquele momento, os traficantes tiveram a convicção de que não podiam mais resistir, e que a única alternativa era a fuga. Aquele que era considerado um dos mais temíveis líderes de bandos criminosos, ou seja, FB, já não podia mais tentar exercer seu falso poder. Agora, estavam acuados, amedrontados, com medo de morrer. Como ratos, começaram a correr, em grupos desordenados, liderados pelo seu até então "chefe", FB.

Nossa linha de tiro não cessava fogo. A todo momento, novos carregadores municiavam nossos fuzis. Os traficantes não tinham qualquer chance. Importante frisar que não fomos ali para matar ninguém, mas sim para efetuar prisões e apreender drogas e armamentos. Eles, no entanto, é que, a todo momento, resistiam à nossa presença e atiravam contra nossos policias. É por isso que existe aquilo que em Direito é reconhecido como legítima defesa. Agimos em defesa própria e também de nossos companheiros. Se não querem morrer é melhor que se entreguem, sem resistência. Se atiram contra, temos o direito de nos defender e fazer estancar essa agressão injusta, praticada contra o Estado que ali representamos.

Seria melhor para todos nós que não houvesse troca de tiros. Mas, se houver, estamos preparados para isso. Nossa agressividade, como diz um de nossos mandamentos, é controlada. Esse é o nosso trabalho. Para isso que fomos treinados. O medo existe, mas temos controle emocional sobre ele.

Além do BOPE e da Marinha, também começaram a ser mobilizadas as demais forças policiais, como as polícias Civil e Federal. A Secretaria de Segurança Pública, através do Secretário José Mariano Beltrame, começou, juntamente com o Chefe de Polícia Civil e o Comandante-Geral da Polícia Militar, a colocar em prática o planejamento estratégico para a ocupação de ambos os complexos, que havia sido iniciado, sem grandes pretensões, com a primeira incursão do BOPE. Agora, não recuaríamos. Não só o Complexo da Vila Cruzeiro seria completamente libertado do jugo dos traficantes, mas também todas as comunidades que compunham o Complexo do Alemão.

Durante aquela acirrada troca de tiros, em que alguns traficantes faziam a contenção para que os outros pudessem acessar a rota de fuga, indo para o Complexo do Alemão, recebi um telefonema e, por impulso, atendi a ligação, pois me encontrava com a equipe numa edificação que oferecia certa segurança. Não olhei para o visor, imaginando que fosse o comandante querendo saber detalhes do nosso posicionamento. Para minha surpresa, quem estava me ligando, sem saber que eu me encontrava dentro do Complexo da Vila Cruzeiro, justamente na linha de tiro que fez com que os traficantes fugissem para o Complexo do Alemão, era um amigo, Procurador de Justiça em Minas Gerais, Rogério Greco.

Rogério, como amigo de todos no BOPE, me ligou preocupado com a situação divulgada pela imprensa, a fim de saber se estava tudo bem conosco. Ao atender, os tiros eram intensos e mal dava para conversar ao telefone. Eu me abaixei, em um local seguro, saindo da linha de fogo, para que pudesse ouvi-lo melhor. Quando meu amigo soube que eu também estava participando daquela cena divulgada ao vivo pelas televisões, começou a me dizer: Monteiro, estão todos fugindo para as torres. Cuidado, meu amigo. Sendo que retruquei: Fique tranquilo, estamos com a situação sob controle e também temos essa informação, pois no lugar onde estamos posicionados, existe uma TV e estamos também assistindo à debandada dos traficantes.

Meu amigo, sabendo da gravidade da ocorrência, e ouvindo o barulho dos disparos, me disse: Monteiro, vou desligar. Vou comprar uma passagem aérea e irei me encontrar com vocês. Quero estar junto com a tropa, nesse momento histórico de retomada da dignidade não só dessa comunidade, mas de toda a sociedade brasileira.

Após desligar, retomei minha posição de tiro e continuamos a fazer o que tinha de ser feito, ou seja, rechaçar toda a ação daqueles criminosos.

Naquele momento, me veio à mente a canção do BOPE, que retratava toda aquela situação que estávamos vivendo, e dizia:

> Lealdade, destemor, integridade Serão os primeiros lemas
> Desta equipe sempre pronta a combater
> Toda a criminalidade
> A qualquer hora, a qualquer preço Idealismo como marca de vitória.
> Com extrema energia, combatemos todos
> Os nossos inimigos
> Criminosos declarados em igualdade Derrotamos os omissos
> Guerra sem trégua heróis anônimos Operações especiais.
> E o batalhão coeso e unido Não recua ante a adversidade
> Com ousadia enfrentamos realidade

Vitória sobre a morte é a nossa glória prometida
(Bis)
Uhaa!!!

Infelizmente, FB conseguiu fugir, mas foi preso em Campos do Jordão (SP) por policiais civis cariocas em 27 de janeiro de 2012. Era um dos traficantes mais procurados do Rio de Janeiro.

1. Policiais do BOPE em combate nos complexos da Penha e do Alemão.

2. Igreja da Penha e Complexo da Penha.

3. Combatentes do BOPE – Blindado da Marinha.

4. Sarg. André Monteiro. Ao fundo, moradores retiram móveis das casas abandonadas pelos traficantes.

16

A VARREDURA

MONTEIRO

Depois de muitos anos sob o jugo do tráfico, finalmente a comunidade do Complexo da Vila Cruzeiro estava livre. Agora, todos podiam ir e vir quando bem entendessem. Não teriam mais que se preocupar com a circulação dos traficantes e da sua truculência. Eram novamente cidadãos.

O BOPE, sem saber, deu início a uma grande operação de retomada daquele território. Mas ainda tinha mais pela frente. Agora, todos os dois complexos voltariam para as mãos do Estado. Isso era inevitável e os traficantes também sabiam disso. Mas, antes, tínhamos que fazer um pente-fino em todo o território já conquistado. O trabalho seria intenso, pois teríamos que varrer cada pedaço, cada residência, cada buraco, enfim, teríamos que começar uma busca em, aproximadamente, 454.000 m2. Era mais do que muitas cidades do Brasil. Naquela época, a população da Vila Cruzeiro girava em torno de 17.500 moradores, ou seja, o correspondente à população de muitas cidades.

A Vila Cruzeiro tinha esse nome por conta de uma vila que existia no alto do morro, no local onde atualmente se encontra a rua Sargento Ricardo Filho. Na verdade, em 1940, essa área era conhecida até então como "Senhor Nestor", em referência ao proprietário do terreno. Posteriormente, houve uma divisão em lotes que, aos poucos, foram sendo vendidos. No entanto, as ocupações irregulares fizeram com que o lugar se transformasse em uma favela, com um sem-número de construções.

Era nesse terreno que tínhamos que fazer a varredura. Só por essa descrição, já dá para ter noção do trabalho que iríamos ter. No entanto, a varredura seria feita por todos os policiais, militares e civis, e não somente pelas tropas do BOPE, o que, em parte, facilitaria muito o nosso serviço.

Com a ajuda também dos moradores, muitos locais destinados ao acondicionamento de drogas e armas foram sendo descobertos, bem como houve um número considerável de prisões de traficantes, que se faziam passar por trabalhadores honestos.

Os moradores franqueavam suas residências para serem revistadas. Eles nos tratavam com cordialidade e muitos diziam da sua felicidade com a presença da polícia naquela comunidade. Os moradores eram os nossos maiores aliados e fontes importantíssimas de informação. Sem eles, a nossa missão não teria sido tão bem-sucedida, pois encontrar armas e munições encondidas na comunidade era como encontrar uma agulha no palheiro.

O cansaço das equipes do BOPE estava estampado no rosto de cada policial. Afinal de contas, nossas equipes, principalmente a minha, não tinham saído ainda da comunidade desde o primeiro dia. No entanto, a vontade de encontrar armas e drogas era tão grande que o cansaço era sempre esquecido. A todo momento, recebíamos em nossos celulares mensagens de força, de estímulo, de agradecimento. Isso tudo nos impulsionava a seguir em frente. Nossas famílias nos acompanhavam de longe, pelos noticiários e através de nossos celulares. A sociedade brasileira estava feliz com o que estava acontecendo.

A todo momento, dezenas de armas, milhares de munições, centenas de quilos de drogas iam sendo descobertas e apreendidas. Da mesma forma, um ou outro traficante era preso. A criatividade desses criminosos em esconder as drogas e armas não tinha limites. Paredes falsas eram levantadas para acondicionar grandes quantidades de armas e drogas; faziam, também, fundos falsos nos pisos, cavando buracos profundos nas residências que eram, inclusive, fechados com contrapiso e revestidos normalmente com cerâmica. Na verdade, era um trabalho executado por bons pedreiros, por eles contratados, e só poderiam ser descobertos com o auxílio de informações. Em buscas normais, seria impossível descobrir esses esconderijos. Daí porque a confiança da população na polícia é fundamental. Sem essa ajuda, nosso trabalho seria em vão e os criminosos, até hoje, estariam ainda com suas armas e drogas.

Um caso específico nos chamou a atenção. Através da ligação de um colaborador, que estava em contato direto conosco via telefone, chegamos até a residência de duas mulheres, que ficava localizada em um dos becos daquela comunidade. Uma delas, inclusive, encontrava-se grávida, com 8 meses de gestação. Pelo que soubemos, essa mulher grávida era esposa de um dos traficantes da região. Infelizmente, parece que existe certo fascínio de algumas mulheres por pessoas ligadas à criminalidade. Talvez a sensação de poder, principalmente trazida falsamente pelo uso de armas pesadas, como os fuzis, fazem com que determinadas mulheres tenham esse chamado "amor bandido". São mulheres que poderiam, tranquilamente, construir suas vidas de maneira digna, trabalhando em empregos lícitos, mas, no entanto, preferem a adrenalina de viver sempre em perigo ou, quem sabe, o luxo que lhe proporciona a vida no tráfico, mesmo que restrito a uma determinada comunidade.

Essas mulheres faziam de tudo por seus parceiros. Não era incomum que, mesmo depois de presos, continuassem a manter a relação amorosa, sujeitando-se às agruras que envolve uma visita ao cárcere. Em algumas situações, são tratadas com desrespeito pelos funcionários do sistema prisional, são submetidas a vistorias vexatórias ante a falta de aparelhos detetores de metal e de drogas, fazendo com que sejam obrigadas a se despir na frente de pessoas estranhas, que nelas efetuam uma busca em suas partes íntimas a procura de drogas, chips de celulares etc. Suas vidas acabam parando no tempo. Levam uma vida bandida. No final, acabam sendo presas também, pois seus companheiros as forçam a continuar ou mesmo a administrar o negócio ilícito. Por isso, as estatísticas demonstram que cresceu, assustadoramente, o índice de mulheres presas por tráfico de drogas. A maioria delas não deu início, por si só, ao negócio criminoso, mas sim sucedeu alguém que lhe era próximo, a exemplo de seu companheiro ou mesmo algum familiar.

Voltando à casa das duas mulheres mencionadas, segundo informações obtidas através de nosso colaborador, nela encontraríamos muita quantidade de drogas (cocaína e maconha), e também armas, principalmente pistolas e submetralhadoras, que eram provenientes de um carregamento que havia sido entregue na semana anterior.

Assim que chegamos, pudemos perceber a surpresa daquelas duas mulheres. Suas atitudes as denunciavam. Educadamente, solicitamos que nos fosse franqueada a entrada para que pudessemos constatar, ou não, a informação que havíamos recebido sobre as drogas e armas que ali se encontravam acondicionadas, no que fomos de pronto atendidos por elas, que não esboçaram qualquer resistência ao nosso trabalho.

Durante, aproximadamente, uma hora, realizamos as buscas em todos os lugares possíveis e não encontramos nada. No entanto, percebíamos o nervosismo daquelas mulheres. Alguma coisa estava errada. Nosso colaborador insistia conosco pelo celular, dizendo que tudo estava ali. Ele tinha certeza absoluta porque havia presenciado tudo ser entregue naquele local. Como não achamos nada, passamos a perguntar àquelas mulheres sobre o lugar onde estavam escondidas as drogas e armas, sendo que elas afirmavam, categoricamente, principalmente a mulher que estava grávida, que não havia nada naquele local e que estavam sendo alvo de denúncias falsas por parte de moradores que não gostavam delas.

Quando já estávamos quase desistindo, um de nossos policiais resolveu remover o guarda-roupa do lugar. Nesse momento, a mulher grávida falou, quase gritando: "Vocês não encontrarão nada aí!" No entanto, ao mover o guarda-roupa, vimos, literalmente, uma parede de cocaína, que caiu imediatamente no chão. O guarda-roupa fazia a função de prensa, ou seja, mantinha a droga, que estava acondicionada em tabletes, contra a parede. Ainda faltava a maconha e as armas.

Enquanto isso, do lado de fora, no quintal da casa, o restante da equipe continuava as buscas. A outra mulher, que os acompanhava, ao perceber que um dos policiais havia encostado no muro, tentou retirá-lo daquele lugar, sob o argumento de que ele não era seguro, e que poderia cair ao menor toque. Porém, o policial, verificando que, ao contrário do que havia dito a mulher, o muro era seguro, continuou as buscas por ali. Para sua surpresa, ao subir no muro, o policial verificou a existência de um vão, que tinha como limite a parede da casa vizinha. Ao entrar nesse vão, o policial sentiu um forte cheiro de maconha e intuiu que a droga poderia estar enterrada naquele lugar. Assim que começaram a escavar o local, as drogas foram aparecendo e, juntamente com elas, as armas.

Resultado dessa busca: foram apreendidos, aproximada- mente, 100 quilos de cocaína pura, 60 quilos de maconha e várias pistolas, submetralhadoras e granadas.

A varredura estava só no começo. Muita coisa ainda seria apreendida. Ali, verdadeiramente, era o coração do Comando Vermelho , o lugar de onde eram distribuídas as drogas para toda a cidade do Rio de Janeiro. O prejuízo que estávamos infligindo ao tráfico era incalculável.

Uma pergunta povoava a minha mente. Em poucos dias, o tráfico teve um prejuízo finaceiro de mais de cem milhões de reais. Será, realmente, que aqueles traficantes, semianalfabetos, cuja vida se limitava àquelas comunidades carentes, tinham capacidade para administrar importâncias tão vultosas? Ou, eles, mesmos os chefes do tráfico, conhecidos como "donos do morro", não eram somente operários mandados pelos verdadeiros chefes, que moravam fora dessas comunidades, nos lugares mais ricos do Brasil, ou mesmo fora do território nacional?

Tenho para mim que esses traficantes locais não passam de "bois de piranha". O que eles entendem de mercado de capitais? Como empregam os valores recebidos com a venda das drogas? Qual o tipo de aplicação financeira que realizam? Como sacam o dinheiro do Brasil para pagar as partidas de drogas e armas compradas no exterior? Como investem em imóveis, em bairros luxuosos, se não podem usufruir, já que estão confinados nos seus redutos? Cada um que dê a sua conclusão. A minha, é evidente...

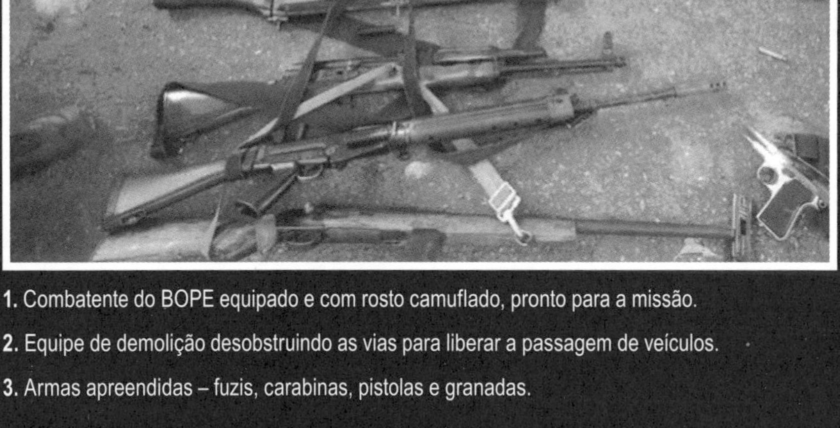

1. Combatente do BOPE equipado e com rosto camuflado, pronto para a missão.

2. Equipe de demolição desobstruindo as vias para liberar a passagem de veículos.

3. Armas apreendidas – fuzis, carabinas, pistolas e granadas.

17

AS ARMAS ANTIAÉREAS

MONTEIRO

Quem disse que o Rio de Janeiro não estava em guerra naquele momento? Pelo menos podemos afirmar que as armas que se encontravam em poder dos traficantes eram as mesmas armas utilizadas nas Primeira e Segunda Guerras Mundiais.

Ouvimos dizer que o tráfico havia adquirido um grande número de metralhadoras .30 e .50. Além delas, havia também os lança rojões, que seriam usados para poder atingir nossos blindados. Como se não bastasse, chegou ao nosso conhecimento que também tinham uma quantidade assustadora de explosivos e detonadores que, em alguns lugares, são utilizados para explodir cofres e também caixas eletrônicos.

Tais armas de guerra, de uso militar, possivelmente teriam sido desviadas de quartéis de países vizinhos. Para se ter uma ideia, uma munição disparada por uma dessas metralhadoras pode atingir, com precisão, um alvo a 1.500 metros de distância.

Segundo informações recebidas, possivelmente, uma dessas metralhadoras havia sido utilizada para abater o helicóptero que fazia o sobrevoo no morro dos Macacos, em 2009, que ocasionou a morte de três policiais militares. Isso porque o mesmo grupo responsável por aquela invasão, como já tinha dito anteriormente, era comandado por FB, chefe do tráfico no Complexo da Vila Cruzeiro. Tínhamos, portanto, que encontrá-las de qualquer jeito.

Assim, continuamos as buscas. Entramos em outra casa, também com a permissão do morador, que nos recebeu com muita simpatia. Assim que começamos a conversar, percebi que tratava-se de um trabalhador, um homem de bem.

No entanto, perguntei a ele se tinha alguma informação sobre armas ou drogas perto da sua residência. Levantando as sobrancelhas, apontou levemente para a casa ao lado da sua e disse que tinha observado uma movimentação estranha no dia anterior e que seria bom se déssemos uma olhada por lá.

Depois de tomar um copo com água, agradecemos a gentileza e fomos conferir a informação. A casa indicada era contígua. Podíamos ter pulado o muro que fazia a divisa entre elas e ganharíamos tempo com isso. No entanto, a fim de não colocar em risco a segurança daquela pessoa que nos havia ajudado, resolvemos sair da casa normalmente, como se tivéssemos fazendo uma busca em toda a região e entramos na casa por ele indicada.

Assim que chegamos a sala, avistamos as metralhadoras, que estavam expostas, montadas em um bipé, prontas para a utilização. Naquela residência, encontramos duas metralhadoras .30 e uma .50, além de fuzis AK 47, pistolas e munições para todas as armas. Era o início de uma busca que duraria o dia inteiro.

Quando saímos da casa, encontramos uma equipe da Polícia Civil, que ia verificar uma informação sobre a existência de um paiol. Desejamos aos policiais boa sorte e continuamos as nossas buscas. Pouco tempo depois, encontramos novamente essa mesma equipe. Visivelmente felizes, diziam ter encontrado nove metralhadoras .30, ainda desmontadas, dentro de sacos plásticos.

Através de contatos com outras equipes do nosso Batalhão, que também realizavam buscas em outros perímetros, fomos informados de que mais armas, incluindo metralhadoras .30 e .50, além de lança rojões, tinham sido encontrados.

O tráfico estava recebendo um golpe duro.

1

2

3

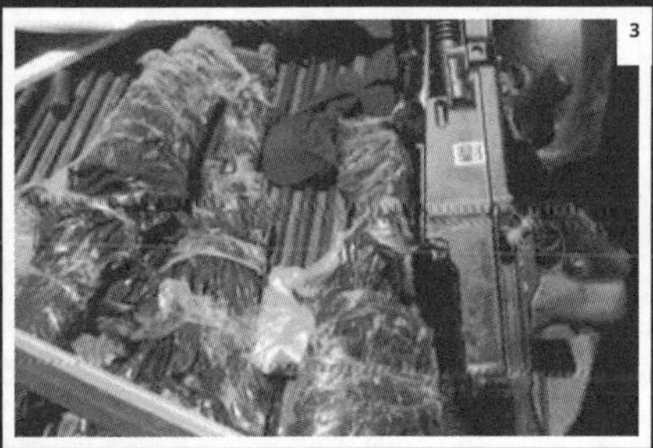

1, **2** e **3**. Armas apreendidas – metralhadoras antiaéreas .30, .50, granadas e munições

4. Equipe de apoio logístico do BOPE

5. Policial do BOPE na segurança de área.

4

5

18

A AGONIA DO SÁBADO

GRECO

O Governo do Estado do Rio de Janeiro já havia anunciado a data em que ocorreria a retomada do Complexo do Alemão. Já de algum tempo, a política de retomada dessa comunidades carentes havia modificado. Antes, havia um sigilo sobre a escolha da comunidade. Dessa forma, somente o BOPE sabia, de antemão, qual delas havia sido escolhida. Assim, preparava-se sigilosamente a operação, visando não somente à retomada do território, mas também à prisão dos traficantes de drogas, principalmente daqueles contra os quais havia sido expedido mandado de prisão.

Como se percebe, essa estratégia anterior colocava em risco os moradores da comunidade, uma vez que o confronto armado era inevitável. Surpreendidos pelas tropas do BOPE, os traficantes reagiam, e, infelizmente, os habitantes daquela localidade se viam em meio a um tiroteio sem fim, expondo suas vidas e integridade física.

Com a mudança de política sobre as retomadas e futuras pacificações, o governo estadual, através, principalmente, de seus órgãos de Segurança Pública, passou a anunciar qual das comunidades seria a próxima a ser pacificada, especificando, inclusive, na maioria das vezes, a data em que ocorreria a ocupação pelas forças policiais. Isso reduziu, sensivelmente, o número de pessoas inocentes feridas nesses confrontos. Os traficantes, em quase todas as ocupações, sabendo da superioridade de força do Estado, preferiam abandonar aquela comunidade, indo se abrigar em outra, dominada pela mesma facção criminosa a que pertenciam.

Se por um lado essa política preservou a comunidade anunciada como sendo a próxima a ser pacificada, por outro, fez com que os traficantes migrassem para outras regiões, já que não haviam sido presos durante a operação. Ainda continuavam a praticar o tráfico de drogas, agora em outra localidade.

A população, de uma forma geral, ficou dividida com relação à essa nova política. Muitos foram à midia dizendo que suas regiões, antes tranquilas, estavam agora assoladas por novos criminosos, que ali resolveram se estabelecer e praticar toda a sorte de crimes.

Confesso que essa não é uma escolha fácil. De um lado, preservar vidas; do outro, permitir que traficantes fujam, quando tomam conhecimento de que seu suposto "território" será retomado pelo Estado. No entanto, entre a preservação de vidas inocentes, e a fuga de um criminoso, o Estado deve optar por aquela. Nada justifica a perda de uma vida inocente. Por mais que queiramos que todos esses criminosos sejam presos, após o chamado devido processo legal, que até eles têm direito, não podemos ignorar os perigos que uma ação dessas traz à população.

O dia foi marcado. Seria um domingo, dia 20 de novembro de 2010. A movimentação das forças do Estado já havia começado. Nas vias de acesso ao Complexo do Alemão, principalmente as grandes artérias como, por exemplo, a Av. Brasil, transformaram-se em um palco de desfile de tanques da marinha e dos blindados das Polícia Civil e Militar. Parecia, guardadas as devidas proporções, com uma parada militar, que ocorre no dia 7 setembro, onde é mostrado todo o poderio bélico do Estado.

Realmente, os traficantes não tinham a menor chance. Nunca se viu uma junção tão grande de policiais. Estavam ali, unidos, policiais civis, militares, federais, além daqueles pertencentes às Forças Armadas. O Brasil inteiro, e alguns países do mundo, estavam ligados, diuturnamente, nesse movimento. A tensão era grande. Teria ou não algum tipo de reação por parte dos traficantes? Será que eles seriam ousados a ponto de enfrentar centenas de policiais fortemente armados, que fariam o cerco de todo aquele território?

Sábado à noite, os telejornais anunciavam, freneticamente, que a ocupação do Complexo do Alemão pelas forças policiais ocorreria no domingo, assim que raiasse o dia. Os policiais já estavam a postos, aguardando o sinal verde do comando para a entrada na comunidade. A imprensa fervilhava. Dezenas de repórteres brigavam entre si por um espaço privilegiado, de onde pudessem filmar a ação policial e divulgá-la, ao vivo, para todos os telespectadores.

Não conseguia dormir. Queria estar lá, vendo de perto essa ocupação histórica. Não me conformava de estar longe. Queria conhecer as estratégias, ver de perto as apreensões das armas e drogas. Sempre se disse que o Complexo do Alemão era um verdadeiro paiol, onde os traficantes tinham à sua disposição as armas mais modernas e potentes, inclusive aquelas que tinham capacidade para perfurar blindados e derrubar aeronaves. Seria um duro golpe do Estado no crime organizado. Se essas previsões se concretizassem, assim como havia ocorrido na Vila Cruzeiro, nos dias anteriores, os traficantes ficariam desestruturados.

Fui dormir. Na verdade, não consegui. Fiquei aguardando, ansioso, os primeiros raios de sol e fui direto para a televisão. Era o dia D.

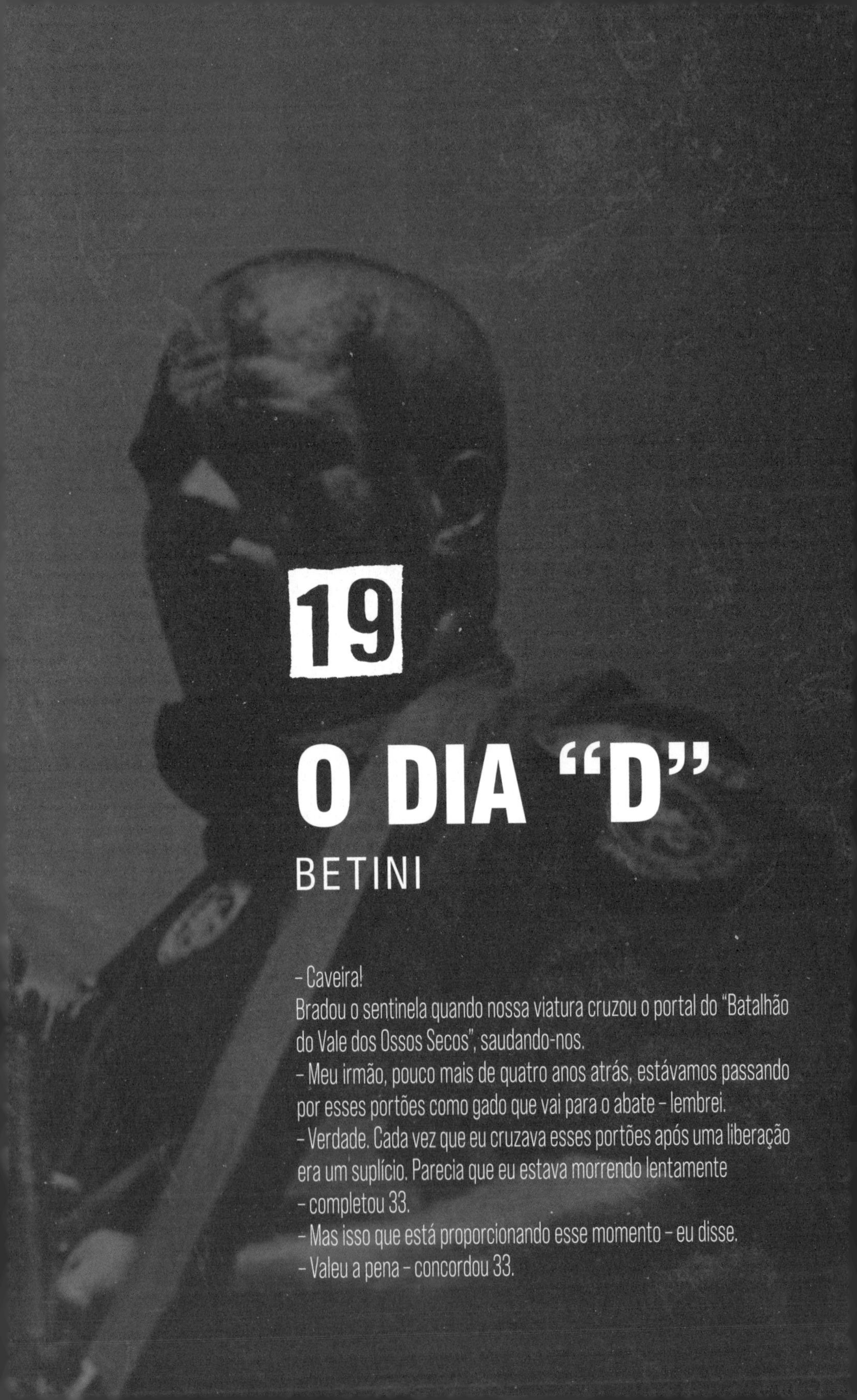

19

O DIA "D"

BETINI

– Caveira!

Bradou o sentinela quando nossa viatura cruzou o portal do "Batalhão do Vale dos Ossos Secos", saudando-nos.

– Meu irmão, pouco mais de quatro anos atrás, estávamos passando por esses portões como gado que vai para o abate – lembrei.

– Verdade. Cada vez que eu cruzava esses portões após uma liberação era um suplício. Parecia que eu estava morrendo lentamente – completou 33.

– Mas isso que está proporcionando esse momento – eu disse.

– Valeu a pena – concordou 33.

Conforme andávamos pelo pátio que fica na frente do prédio principal do Batalhão, éramos saudados com grande entusiasmo pelos caveiras. Impressionante como nos sentíamos em casa e como aquilo tudo acontecia de maneira natural. Não parecia que éramos de outra força policial. O que realmente prevalecia era que éramos caveiras também, integrantes daquele seleto "clã" guerreiro.

Apresentamo-nos ao Ten.-Cel. Fábio.

– 33 e 34, integrem sua patrulha. O comandante é o Ten. Novo.

– Sim, senhor! – respondemos ao comandante.

O ambiente estava carregado, mas diferentemente de outras situações, havia uma grande euforia no ar. Finalmente chegara o dia da invasão do Alemão. Alguns se referiam àquele evento como a "Batalha do Alemão", simplesmente a maior e mais significativa ação policial da história brasileira recente. Por todos os lados eram realizados os preparativos para o confronto. Policiais camuflavam os rostos dos companheiros. Uns faziam listras em tons de cinza, verde-oliva e preto. Outros, simplesmente, espalhavam a tinta negra sobre suas faces, compenetrados como que em um ritual sagrado que antecede um evento solene. Todos os detalhes eram minunciosamente checados: a munição, o acondicionamento dos carregadores nos coletes táticos, o posicionamento das placas de cerâmica nos coletes balísticos, facas eram afiadas, fuzis eram limpos e as mochilas eram checadas para que não fizessem barulho quando do deslocamento. O 13 se irritou com alguns policiais, que somente levavam seis carregadores de fuzis:

– Seis é pouco demais! Tem que levar pelo menos quatrocentas munições!

Percebi que eu estava com seis carregadores e com duas caixas avulsas, totalizando "apenas" 340 munições. Fui até a reserva de armamento e pedi mais duas caixas. "Se o 13 falou, é melhor levar!" – pensei.

7h15min. Alguns oficiais iniciaram o comando para que todos se agrupassem para o briefing da missão. A massa se agitava. Todos queriam finalizar os preparativos. No pátio coberto, logo atrás da escadaria de acesso, um grupo já aguardava sentado na pequena arquibancada, montada em frente

Ele se virou, olhando para o Comandante, e deu um passo atrás, deixando o chefe à frente da tropa. Todos sabíamos que as cartas estavam lançadas e esperávamos do 01 somente as palavras finais.

– Finalmente chegou o grande dia, senhores! Esperamos por esse momento há muitos anos. Os criminosos, dominaram aquela área por muito tempo e nós ficamos de mãos amarradas, sem poder fazer o que, tenho certeza, todos aqui gostariam. Agora, após sermos obrigados durante anos a assistir ao tráfico aniquilar aquelas comunidades, recebemos a ordem para fazer o que a gente quer e o que todos esperavam. Nessa hora é que a gente conhece quem é bravo; nessa hora as pessoas vão aplaudir aqueles que sabem fazer. E os senhores sabem fazer! Vamos embarcar nas viaturas que já estão esperando e vamos direto para o 16o BPM. Vamos aguardar os helicópteros da polícia. Serão três helicópteros da polícia que vão fazer uma sequência ali naquele modelo do jeito que eles fazem. Girando, voando sobre a área, principalmente tentando desmobilizar algumas posições de lajes deles (traficantes). Não se esqueçam: trabalhem com tiros colocados, dando lances perfeitos, fiquem sempre preocupados em arrumar abrigo. Eles "trabalham" muito de dentro de casa. Nós sabemos disso, mas é bom lembrar: não podemos dar mole! Devemos tomar as posições principais. Não se deixem levar pela história de que o cara se entregou, que tentou fugir. E é com esse espírito que a gente vai! E para aqueles que pediram aí: o nome provisório é Avalanche, ok? Em cinco dias, a coisa foi crescendo: Chatuba, Vila Cruzeiro e agora o Alemão. Só cinco dias e tomamos tudo. E hoje é o final! O grande final!

O bando de guerreiros que assistia ao líder em silêncio explodiu em vibração, levantando seus fuzis por sobre as cabeças, agarrando-os com suas duas mãos, em um gesto de vitória. Seus olhos compenetrados e a expressão soturna de suas faces denunciavam que algo de grave estava prestes a acontecer. Olhei para os lados e somente pude pensar em como seria ruim ter que encarar aqueles soldados, prontos para fazer o que, até pouco tempo, muitos consideravam impossível.

– AHOOOOOOOO! HU HU HU HU HU HU HU!

Foi o auge de emoção experimentada em nove anos na polícia. Sem demora, partimos em direção às viaturas que já estavam ligadas, aguardando somente o embarque das equipes. O comboio começou o deslocamento. Lentamente, a coluna de viaturas negras desceu a via de acesso à APA São José, rumo às ruas do bairro das Laranjeiras. 8 horas da manhã de domingo, 28 de novembro de 2010, e eu sabia que aquele dia ficaria escrito na história do combate ao crime no Brasil.

Na viatura atrás da nossa, vi o Subtenente Marco Antonio Gripp *(in memoriam)*[1], que usava óculos táticos escuros, mantinha uma postura altiva e o olhar para o horizonte. Há alguns anos, ele havia chefiado uma patrulha da qual participei. Era um sujeito respeitado em todo o batalhão. Não era alto, tinha no máximo 1,70m de altura. Nem era dono de uma compleição atlética. Mas em combate, sua estrela brilhava. Pouco tempo depois, ele levou dois tiros de fuzil, a curta distância, que atingiram seu abdome. O traficante apareceu em um beco, a poucos metros de distância. Ambos atiraram e o traficante morreu. Menos de dois meses depois do incidente, ele já estava de volta ao trabalho. Sua maior característica era a capacidade de raciocinar e manter a frieza em situações em que a maior parte dos seres humanos simplesmente entraria em pânico. Gripp ficava à vontade no caos e essa era uma característica que todos percebiam e admiravam em um combatente.

Logo atrás de mim, sentado na parte da caçamba mais próxima da cabine, seguia o "Máquina de Guerra", o Cabo Pedro, o 13 do meu turno de COEsp, ex-fuzileiro naval e Comandos Anfíbios. Com, aproximadamente, 1,85m de altura, ele pesava mais de cem quilos e era dono de uma estrutura física que impressionava. Negro, possuía uma voz potente e já havia sido vocalista em uma banda de rock pesado. Estudava enfermagem e possuía vasto conhecimento em Operações Especiais. A maior parte desse conhecimento era fruto das constantes leituras de centenas de livros sobre o assunto. Possuía um comportamento extremamente dócil no trato com os companheiros e sua humildade nas relações pessoais contrastava com sua "arrogância em combate". Levava sempre consigo o pesado HK M21 A1 calibre 7.62 com carregamento através de fita. Sua segunda arma era um Colt, M16 Comando, e a terceira era a pistola. Carregava consigo, aproximadamente, quarenta quilos de equipamentos, o que era um feito impressionante para a atuação em favelas. Lembrei-me de um dia do nosso COEsp. Era madrugada e estávamos sendo fustigados a vários dias. O turno todo estava dentro d'água e o frio era insuportável. De repente, vejo o 13, com o semblante corroído pelos vários dias de fustigação incessante. Já quase sem forças e tomado pelo desânimo, eu disse:

1 Morto em combate entre traficantes na região do morro da Covanca, no dia 20 de setembro de 2013.

– 13, por que isso tudo, velho? Que maluquice sem sentido!

Ele olhou para mim e, calmamente, deixando seu corpo totalmente ereto, fazendo desaparecer instantaneamente a aparência de cansaço e me falou:

– 34, isso serve para glorificar nosso curso. Você ainda vai agradecer por tudo isso. É importante passarmos por isso. Não existe glória sem perigo. Aceite isso!

Aquilo mudou minha maneira de ver as coisas, não só sobre o curso, mas, principalmente, sobre a vida. Até hoje, sempre que passo por alguma dificuldade e tenho vontade de desistir ou de escolher o "caminho mais fácil", o 13 me vem à cabeça e recupero a postura que ele me ensinou a manter nessas horas. Resiliência é a palavra que resume a maior lição aprendida com o Pedrão.

O comboio ganhou a avenida Brasil e alguns motoristas disputavam as posições à direita filmando de celulares e câmeras portáteis nosso deslocamento. Do alto, helicópteros da imprensa acompanhavam o comboio. Por todos os lugares por onde passávamos, as pessoas faziam o gesto de vitória, com os punhos cerrados para o alto. Nas passarelas, as pessoas se espremiam, na busca de um local para observar nossa passagem. Um policial, usando uma bandana, e levando uma pesada mochila se equilibrava, sentado na lateral da caçamba da viatura à frente da nossa. Seu rosto pintado com largas faixas negras, rajado, contrastava com a tranquilidade dos companheiros sentados ao meu lado na caçamba, que conversavam a respeito dos presentes que gostariam de comprar para seus filhos no Natal. Um, gostaria de comprar um carrinho de controle remoto e o outro um videogame. Mas nenhum dos dois tinha dinheiro para tanto e os filhos teriam que se contentar com presentes mais baratos. Eles discutiam sobre marcas e lojas que parcelavam em mais vezes a compra. Na realidade, se tirássemos as roupas negras e os equipamentos policiais, o grupo passaria tranquilamente por pessoas que estavam indo para algum lugar se divertir, como assistir a um jogo ou participar de uma confraternização.

Não havia sinais de tensão, pelo menos aparente. O comboio entrou nas ruas do bairro, já bem próximo ao 16o Batalhão. Nas calçadas, centenas de pessoas assistiam, atônitas, ao espetáculo de força proporcionado pelo Estado. Chegamos ao 16o BPM. Rapidamente desembarcamos das viaturas. Jornalistas de várias partes do mundo tentavam captar as melhores imagens e disputavam, palmo a palmo, o terreno nas proximidades do

Batalhão. O Ten. Novo gritou para todos da patrulha Delta embarcarem nos veículos "Piranha".

– Delta 1 embarquem no Piranha 1. Delta 2, Piranha 2.

Delta 3, Piranha 3. Delta 4, Piranha 4, e assim por diante. "Bora" que não temos tempo a perder; bora!

Havia uma enorme confusão, mas em alguns minutos já estávamos embarcando no Piranha 4 que nos levaria ao alto da "Pedra do Sapo". Não sei ao certo quantos homens cabiam lá dentro, mas tenho certeza de que ultrapassamos essa quantidade e chegamos bem próximos ao limite de espaço. Os primeiros foram entrando e sentando mais para o fundo do veículo, próximos ao piloto, pois a entrada é pela parte posterior. Os demais foram ocupando os outros lugares até que, os últimos a entrarem, ficassem no corredor, entre uma fileira e outra. Fui um desses. Fiquei de joelhos, na posição que chamamos de "torre", com um joelho no chão e o outro pé apoiado totalmente também no chão. Encostei minha cabeça nas costas do outro policial à frente, que também estava de joelhos, mas não foi o suficiente, precisávamos liberar mais espaço, pois ainda entrariam mais companheiros. Fiquei espremido entre as costas do policial à frente e o teto do veículo, que era baixo. Apoiei o antebraço no joelho de outro que estava sentado à minha direita. A mochila nas costas aumentava o desconforto. Apoiei o quebra chamas do meu fuzil no piso e rebati a coronha do G36. Mesmo assim, ele ficou pressionado entre minhas pernas e as costas do policial à frente.

Um fuzileiro naval operava a porta traseira. Havia um piloto e um navegador, além de outro que estava sentado à direita do veículo, logo atrás da cabine onde ficavam piloto e navegador. Tentei achar uma posição que fosse a mais confortável possível, mas que não incomodasse demais os outros companheiros. Os outros tentaram fazer o mesmo, o que provocou um movimento de contorção da massa de policiais, que era lento e doloroso. Senti que os espaços livres diminuíam à medida que todos tentavam se acomodar da melhor maneira possível. Aos poucos, sentia que já não mais havia movimentação e que meu equipamento estava enroscado no equipamento dos outros. Não havia mais o que fazer, a não ser suportar a dor. Senti-me aliviado por estar usando joelheiras, caso contrário teria sido muito pior. O Piranha 4 começou o deslocamento. Fiquei contente com isso. Em uma freada brusca, alguns caveiras bateram com a cabeça contra a lateral de aço do veículo e todos, quase que ao mesmo tempo, xingaram.

Apesar de xingarem, todos sabiam que não era culpa do piloto. Mais alguns instantes e começamos a subir uma ladeira íngreme. Começamos a escorregar para a parte de trás do blindado, pressionando os que estavam lá. Com a movimentação, tive de colocar todo o peso do corpo sobre o joelho, que agora estava deslizando, inclinado para a lateral. Tentei, sem sucesso, modificar minha posição. O "Negrute" (in memoriam), um sargento que eu ainda não conhecia, disse para que eu sentasse em sua perna. Ele estava no banco lateral, bem atrás de mim. Sentei e fui soltando o peso, devagar.

– Pode soltar o peso Caveira. Se não, você não vai aguentar muito tempo.

Na movimentação, um bolso do meu colete tático abriu, meu telefone celular caiu.

– Perdi meu celular.

– Tenta bater a mão no chão para achar – alguém disse.

Tentei, mas eu mal podia me mexer.

– Não dá. Deixa pra lá.

Alguém pediu para o tripulante, um fuzileiro naval, para apanhar o celular e guardar consigo. De repente, ouvimos um grande estrondo e o blindado todo sacudiu.

– Que isso?

– Sei lá, mas dizem que esse blindado aguenta até tiro de .50.

– Foi uma árvore – alguém da tripulação disse – estava atrapalhando o caminho.

Conforme o blindado subia não era difícil perceber que o terreno ficava mais acidentado, pois os solavancos eram notórios. Por duas vezes, passamos por buracos ou valas, o que causou o aumento do estresse no interior do veículo.

– Acho que prefiro ir lá fora, mesmo com os tiros – alguém falou.

Muitos deram risada.

– Tá maluco! Prefiro ir igual sardinha aqui dentro. Se desse, tomava a favela toda daqui de dentro.

Todos concordaram.

– Meu irmão, não tô sentindo minha perna. Como é que eu vou sair daqui de dentro? – O 22, Soldado Feitosa, do meu turno, falou rindo.

– Magalhães, quando abrir a porta, agarra no meu colete e me arrasta para fora! Mas não me joga lá fora, não; me arraste para um abrigo.

A patrulha toda começou a rir. Vários policiais falavam de partes do corpo que doíam e membros que estavam adormecidos. O blindado parou. Ficamos quietos, simplesmente olhando uns para os outros, como que desejando uma resposta. A pergunta que estava no ar era: Chegamos? A resposta veio, após alguns minutos de um silêncio denso, com o comando do Ten. Novo.

– Preparem-se para o desembarque. Abram a porta.

Chegamos!

Todos olharam para o fundo do veículo, onde uma pesada porta, que correspondia a quase toda a estrutura do fundo do carro, começou a se movimentar para baixo, lentamente. Nisso, houve grande disputa dos bopianos para colocar os canos de seus fuzis nos espaços que iam surgindo conforme a pesada porta era abaixada. Ninguém falou mais nada.

Os primeiros homens a sair foram os últimos que entraram, justamente os que estavam no corredor. Rapidamente, assumiram a conduta de patrulha, se abrigando na lateral de uma edificação à esquerda do blindado. Desci a rampa do veículo e me ajoelhei a uns três metros dele. Um policial que ainda estava embarcado, me falou para procurar uma posição melhor, pois "daquele lado poderia vir tiro". Ao falar, apontou para a Vila Cruzeiro, que ficava à direita do blindado. Estávamos na parte mais alta da Pedra do Sapo e nossa patrulha tinha a missão de avançar pelo terreno, por algumas centenas de metros, até chegar ao ponto central mais elevado da favela.

Fiz um lanço até o local onde nossa patrulha estava. Ao chegar, percebi que o Ten. Novo comandava que partíssemos em frente. Assumi como Ponta 2 da patrulha. A essa altura, ouvíamos tiros de fuzil à nossa frente, assim como na nossa lateral esquerda. Eram os traficantes ensaiando uma contenção. Progredimos rapidamente, passando por algumas casas. Parei, fazendo a segurança de um ponto crítico. Enquanto a patrulha passava, fiquei próximo aos dois homens que faziam a retaguarda. A movimentação era muito rápida. O Ponta 1 e o Ponta 2 abriram fogo para ganhar terreno. Nossa patrulha seguiu em frente, enquanto a outra patrulha, que vinha no outro Piranha mais atrás, desceu para a esquerda, em um movimento de flanqueamento. Ouvimos, durante uma corrida em busca de abrigo, uma pesada carga de tiros. Não dava para saber se os tiros eram dos traficantes ou dos policiais. A tensão aumentava à medida que meu fôlego diminuía.

Amaldiçoei minha mochila. A patrulha chegou ao final da viela. Os tiros não pararam. Entramos em uma casa, na tentativa de localizar de onde vinham os disparos.

– Não é aqui. É descendo! – disse o Serrão.

A patrulha se inverteu no terreno. Os que estavam na retaguarda, fazendo a segurança da equipe que estava dentro da casa, passaram a atuar como pontas de vanguarda, avançando rapidamente na direção de um pequeno largo, bem no centro da parte mais alta da favela Pedra do Sapo. Conforme íamos chegando, tomávamos o dispositivo em 360o, realizando um "Alto Guardado". Os tiros se intensificaram. O sniper se posicionou, na tentativa de neutralizar a ameaça. Troquei de posição e ocupei uma quina de uma casa, bem do lado que inicia a descida da favela, de onde saíram o 27, Soldado Padrenosso, e o Serrão.

Acompanhei a movimentação da dupla, enquanto fazia a segurança em direção à região de onde vinham os disparos. Não consegui, porém, identificar o atirador. Não havia motivos para grandes preocupações, pois eu estava abrigado e os tiros passavam longe da minha posição. Nem o "estalo" do projétil de alta velocidade, quando este passa rompendo a barreira do som, eu ouvia. Lá embaixo, no final da favela, podia observar um carro de combate do Exército brasileiro, onde estavam abrigados os paraquedistas, fazendo a segurança das vias de acesso à favela.

A menos de trinta metros deles foi lançada uma granada, que explodiu causando certa confusão. O 27 fez um gesto me chamando. Fiz o mesmo, pedindo alguém para ocupar minha posição. O 33 chegou onde eu estava e tomou posição. Comecei a correr, na tentativa de fazer um lanço rápido. À minha direita, uns cinco metros ao lado e acima de onde eu estava, um tiro de fuzil bateu na parede levantando poeira e fazendo com que eu corresse muito mais rápido. De repente, nem a mochila eu sentia nas costas. Cheguei até ao abrigo do 27. O Serrão estava a uns vinte metros de nós, atirando em algo ou alguém que não podíamos ver. O 27 partiu em sua direção, passando por cima de uma pilha de tijolos, se equilibrando sobre um muro e saltando uma vala de uns quatro metros de profundidade que dividia um barraco do outro. Do outro lado, fez sinal para que eu saísse, ele estava dando cobertura. Dei meu primeiro passo, pisando sobre a pilha de tijolos.

Quando coloquei o segundo pé sobre a pilha, que naquele movimento ondulava cambaleante com a pressão do meu peso, ouvi um disparo próximo.

Imediatamente me abaixei, tentando me equilibrar de joelho. O movimento brusco fez com que os tijolos abaixo de meu joelho estourassem, forçando os demais a deslizarem. Caí como uma jaca, rolando por cima da pilha, enquanto tentava, sem êxito algum, me equilibrar de alguma maneira. Parei a poucos centímetros da vala. Olhei para o 27, que disse:

– Tranquilo, é nosso!

Ele se referia ao tiro disparado. O 33 havia feito outro lanço e estava cobrindo nosso flanco direito, poucos metros atrás de mim. Fiquei aliviado. Chamou-me a atenção a simplicidade do 27 e a maneira como aquilo foi natural para ele. Nem chegou a me incomodar o fato de eu ter me espatifado no chão de uma maneira tão idiota. Eu me senti bem por estar entre aqueles caras. Aquilo sim era uma irmandade de guerreiros. Em uma patrulha do BOPE, o mais interessante é que ninguém quer ser melhor do que o outro. Cada um simplesmente faz o que tem de fazer. As missões de alto risco são tão frequentes e os confrontos são tão próximos que não há qualquer necessidade de autoafirmação. Todos sabemos quem são os melhores para cada tipo de missão e aqueles com determinadas limitações aceitam isso, pois é inútil tentar lutar contra a natureza, principalmente quando a vida está em jogo. Saltei a vala, cobri o 27 e logo estávamos na posição do Serrão. Olhei para uma varanda no barraco vizinho e fiz menção de saltar para lá.

– 34, se você for e tomar um "cargueiro" deles lá, vai ficar difícil de você voltar. A posição é muito desprotegida.

Recuei imediatamente. Aquele cara tinha muita experiência no que estava dizendo e eu sabia que o Serrão só abria a boca quando realmente necessário. Não era um cara que gostava de ficar falando à toa. Recuamos para o barraco de onde o 33 fazia nossa segurança. Passei por sobre o monte de tijolos destruídos, olhando para eles com desdém. Continuamos a descer a viela, entrando no primeiro beco à direita. Abaixo de nós um universo de janelas, portas, lajes, becos e vielas que poderiam esconder um atirador. Mais abaixo, um pai colocou o filho sentado na janela de sua casa para observar o "espetáculo". Irritado, fiz sinal para ele sair dali.

– Que sujeito louco! Coloca o filho na janela para tomar um tiro! Tem que ser muito burro um cara desses – praguejei.

Os outros dois policiais entraram em um barraco. Estávamos certos de que os tiros que havíamos tomado pouco antes tinham sido desferidos daquela região. Uma mulher começou a xingá-los.

Continuamos o trabalho de "bater as casas", ou seja, entrar nos barracos buscando traficantes, drogas, armas ou munição. Há algum tempo já não se ouviam mais tiros. Entre um barraco e outro, passamos por um pequeno gramado, cuja lateral dava para um barranco de uns doze metros de altura. Nele, um cavalo pastava calmamente.

– O que esse cavalo faz aqui em cima? – resmungou o Ten. Novo.

Do outro lado, conversei com o morador de uma casa.

– Quem mora aqui?

– Sou eu mesmo... moro aqui há mais de trinta anos.

– O senhor pode abrir a porta para eu entrar?

– Posso sim, fique à vontade, policial.

– Obrigado.

Fui subindo as escadas. A casa era construída de maneira vertical, com praticamente dois cômodos por andar. Eram dois e mais o terraço.

– O senhor trabalha?

– Sim, senhor. Sou pedreiro.

– E andaram pedindo para o senhor fazer alguma construção diferente? Algum buraco, alguma parede falsa ou coisa parecida?

– Não, senhor, nunca me pediram isso não.

– E há quanto tempo o senhor é pedreiro?

– Vinte anos.

Eu sabia que ele estava mentindo. Um pedreiro, morador de uma favela, onde o tráfico estava ativo, como naquele local, era impossível que não soubesse de nada. Mas o medo o fazia ficar em silêncio. Era muito fácil para mim exigir dele que denunciasse aqueles criminosos. No dia seguinte, a polícia poderia não estar mais ali e quem pagaria seria ele e sua família. Por isso, era importante que a ação do Estado nesses locais fosse sistêmica e contínua. Não era razoável simplesmente "invadir" uma favela e no dia seguinte deixá-la novamente ao poder do tráfico. O Estado tinha que se fazer presente naquele local, reduzindo a possibilidade de ação dos bandidos que se valiam, justamente, dos pontos de sombreamento onde o Estado não atuava.

– Arrumei o reboco aí de cima ontem e, agora, tá todo furado de tiro.

– Onde? – perguntei.

– Aí em cima.

Subi para o terraço, tomando cuidado para não me expor. Olhei a parede e estava crivada de tiros, que foram disparados da parte de baixo da favela, bem da área que havíamos sido atacados. Eram mais de oito disparos, que destruíram toda a parede da lateral do terraço. Desci e informei ao Ten. Novo sobre a situação. Após alguns minutos, resolvemos retrair para o ponto onde estava o restante da patrulha. O 33 fazia nossa segurança, na entrada do beco, do outro lado da viela. Subimos novamente até o ponto onde foi estabelecido o "360o". Percebemos que estava chegando uma equipe da PM, além de policiais civis.

Voltamos para o 16o BPM. O Ten. Novo rapidamente se apresentou ao Ten.-Cel. Fábio. Ambos discutiram sobre a missão, enquanto aproveitamos para ir ao banheiro e também para nos alimentar.

– Vamos partir. Há alguns informes para "batermos". Precisamos arranjar uma viatura rápido. 34, tem como você conseguir uma da Federal?

– Tem sim. É só parar a primeira viatura da Federal que você vir. Nossas equipes estão por todas as vias de acesso do Alemão.

– Beleza, vamos embora!

Partimos em duas viaturas. Na realidade, passamos a acompanhar a equipe do Ten.-Cel. Fábio, que ia em uma viatura à frente. Três quadras após sairmos do 16o BPM havia uma equipe de contenção da Federal, com duas viaturas. Paramos e eu desci, me identificando aos colegas e pedindo que me liberassem uma delas, ao que eles consentiram prontamente.

Continuamos em direção ao nosso objetivo. Fomos pela rua Itararé, até a favela Nova Brasília. Seguíamos, agora, com duas viaturas do Bope e uma da Federal. Subimos por um caminho íngreme. O local já estava tomado pela polícia. Passamos por algumas equipes da Polícia Federal, como o GPI[2] e a DRE[3],do Rio de Janeiro, e o COT[4],de Brasília. Paramos o comboio e logo pude identificar colegas do GISE[5],da Federal, que con-

2 Grupo de Pronta Intervenção. Policiais treinados para atuarem como resposta local aos eventos de crise.

3 Delegacia de Repressão a Entorpecentes da Superintendência Regional da Polícia Federal do Rio de Janeiro.

4 Comando de Operações Táticas da Polícia Federal.

5 Grupo de Investigações Sensíveis.

versavam com o Ten.-Cel. Fábio. Eles nos passaram um endereço utilizado pelos traficantes como base operacional.

Imediatamente partimos para o local, que não era longe de onde estávamos. O policial federal foi logo indicando o endereço. Aproximamo-nos com cuidado. O 33 tentou abrir a porta, mas ela estava trancada. O Ten. Novo olhou para nós e fez um sinal de positivo com a cabeça, indicando que deveríamos forçar a entrada. Um caveira chutou a porta, abrindo-a imediatamente. Entramos, sem perder tempo, mas com cuidado. Havia uma escada íngreme que levava a dois cômodos na parte superior da casa. Subimos e logo observamos uma grande quantidade de material militar, uniformes do Exército, coletes balísticos com placas de cerâmica da Marinha, bandoleiras, bornaus, cintos táticos, coldres e outros equipamentos. O Ten. Cel. Fábio montou outras duas equipes que começaram a "bater" as residências próximas. Após apreendermos todo o material de dentro da casa, saímos. Uns 20 metros à frente, a outra equipe havia encontrado, dentro de uma casa, aproximadamente 700 quilos de maconha. Colocamos tudo nas caminhonetes e levamos para o 16o BPM.

Por todos os lados, as equipes faziam apreensões. No Batalhão, viaturas chegavam e os policiais desciam carregando fuzis, metralhadoras, drogas, munições, pistolas e outros equipamentos. Os policiais que conheciam aquelas redondezas antes da operação ficavam perplexos. Todos sabíamos da importância daquela operação.

No Rio de Janeiro fazia muito calor e a roupa preta, somada aos equipamentos que utilizávamos, fazia com que desidratássemos rapidamente. Passamos a maior parte do dia checando informes, que chegavam a todo o momento da SR. Quando não tínhamos o que checar, voltávamos ao trabalho de "bater" as casas. Grota, Fazendinha, Vila Cruzeiro, Morro do Adeus, Largo do Coqueiro. Andávamos por todos os lados. Os integrantes da patrulha foram liberados a partir das 18h, para retornarem no dia seguinte. Já era o quarto dia de mobilização da tropa sem descanso e o tempo seria mínimo, já que ser liberado às 18h significava ter que gastar pelo menos uma hora até chegar ao Batalhão, tomar banho, trocar de roupa e ainda ter que se deslocar até a residência. No dia seguinte, a saída do BOPE seria às 8h. Para estar pronto às 8h, o policial precisava chegar ao Batalhão às 7h e, dependendo de onde morasse, teria que sair de casa duas horas antes. Definitivamente era pouco tempo, mas somente o fato de poder estar com a família, mesmo que por pouco tempo, já os deixava animados.

Chegamos ao 16o BPM pouco depois das 17h. Peguei uma garrafa de água, saquei da mochila um pacote de biscoito, retirei a parte de cima do meu equipamento, ficando somente de camiseta, e deitei no chão, sob a sombra de uma árvore, esticando a coluna por alguns instantes. Uns dez metros à frente ficava a custódia improvisada para os presos na operação.

Por alguns instantes, fiquei olhando aqueles criminosos e devo dizer que não conseguia pensar neles como seres humanos normais. Um deles havia sido entregue pelo próprio pai, que preferia ver o filho preso a ser morto pela polícia. Pensei na roda viva da vida. Como as coisas mudam e como devemos procurar fazer sempre o bem. Há algumas horas, aqueles criminosos eram os senhores a decidir sobre a vida e a morte das pessoas daquelas comunidades; agora, eram um bando de esfarrapados, com os olhos esbugalhados de medo, a resmungar sua desgraça.

Para fugir das forças de segurança, muitos trocaram seus fuzis por Bíblias, se dizendo religiosos, outros preferiam tentar a sorte levando uma marmita como se fossem trabalhadores. Existiam informes de criminosos que fugiram vestidos em roupas femininas. Outros, simplesmente, embrenharam-se nos esgotos. O resultado foi que o tráfico no Rio de Janeiro havia perdido uma importante batalha. E o mais importante é que eles não somente perderam, mas que foram humilhados através de uma operação em que o uso da força foi caracterizado pela utilização de elementos das operações psicoinformativas.

Sun Tzu ensina, no celebrado *A Arte da Guerra,* que "um chefe que está bem instruído em operações militares faz com que o inimigo se renda sem lutar, captura as cidades do inimigo sem atacá-las violentamente, e destrói o Estado do inimigo sem operações militares". O estado paralelo do tráfico sofrera a maior derrota de todos os tempos no Brasil. A demonstração de força desestabilizou a resistência do tráfico, desestruturando sua capacidade de combate e atingindo o coração de qualquer atividade militar: o moral. Napoleão Bonaparte dizia que, na guerra, o moral está para o físico como três para um. O resultado foi uma ação em que poucas vidas foram sacrificadas e sem nenhuma baixa entre a população local, o que era a maior das preocupações das autoridades.

Acabei pegando no sono.

1. *Sniper* (atirador de precisão) do BOPE na segurança de perímetro.

2. Equipe de demolição retirando barricada de rocha.

3. Blindados da Marinha próximo das barricadas.

4. Armas apreendidas – fuzis e granadas.

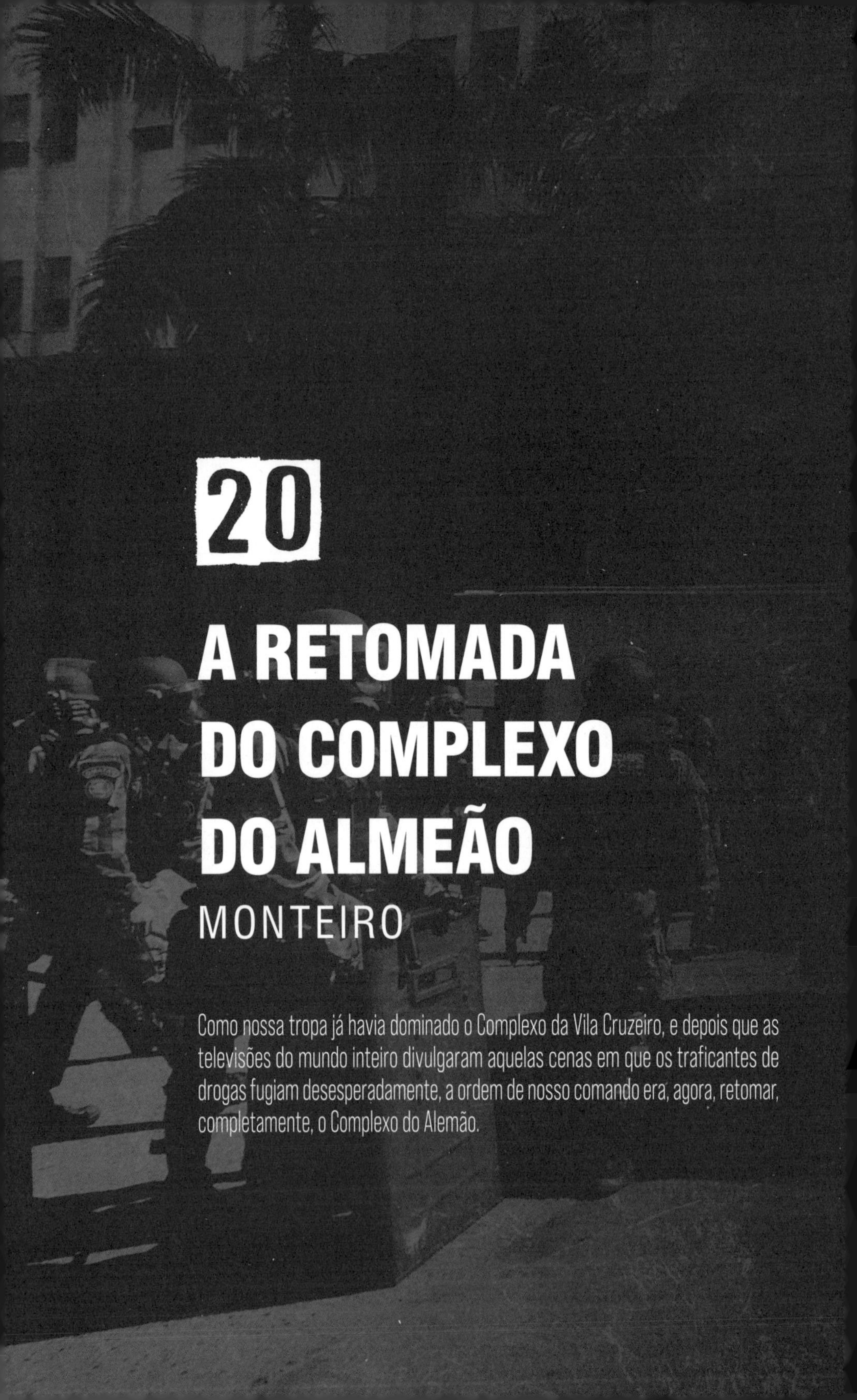

20

A RETOMADA DO COMPLEXO DO ALMEÃO

MONTEIRO

Como nossa tropa já havia dominado o Complexo da Vila Cruzeiro, e depois que as televisões do mundo inteiro divulgaram aquelas cenas em que os traficantes de drogas fugiam desesperadamente, a ordem de nosso comando era, agora, retomar, completamente, o Complexo do Alemão.

Na verdade, quando falamos em Complexo do Alemão, estamos nos referindo a um conjunto de favelas localizadas na Zona Norte da cidade do Rio de Janeiro, tendo como núcleo o morro do Alemão, que se estende pelos bairros vizinhos de Ramos, Higienópolis, Olaria, Inhaúma e Bonsucesso.

Já foi considerado um dos lugares mais violentos da cidade e, de acordo com o censo de 2000, seu IDH era de 0,711, ocupando o 126o lugar, vale dizer, o último.

Em 1920, o imigrante polonês Leonard Kaczmarkiewicz fez a aquisição de terras localizadas na Serra da Misericórdia, na época considerada uma região rural na zona da Leopoldina. O proprietário era conhecido pela população local como "alemão". Daí se referirem ao local onde vivia como sendo o morro do alemão.

Em 1951, alemão deu início ao loteamento e à venda do terreno, começando, a partir daí, a sua ocupação. Infelizmente, em virtude de sua localização privilegiada, uma vez que se encontrava perto da Avenida Brasil, uma das maiores vias de acesso à cidade, além do fato de que, naquela região, haviam se instalado muitos comércios e indústrias, houve uma ocupação desordenada dos terrenos, dando início ao conjunto de favelas, principalmente durante o primeiro governo de Leonel Brizola.

O governo do Estado do Rio de Janeiro havia reunido o Secretário de Segurança Pública, o Comandante-Geral da Polícia Militar, o Chefe de Polícia Civil, bem como outros representantes das forças policiais, como a Polícia Federal, além da Marinha, e, juntos, resolveram que no domingo, dia 28 de novembro de 2010, seria considerado o "dia D", ou seja, o dia em que todas essas forças, unidas pela primeira vez na história do Rio de Janeiro, incursionariam no Complexo do Alemão, a fim de retirá-lo do jugo do tráfico de drogas.

O clima era de ansiedade. Todos os canais de televisão tinham suas lentes voltadas para esse momento. Milhares de policiais se preparavam para devolver a dignidade àquela população que, durante anos a fio, teve de se submeter aos traficantes de drogas, que se autointitulavam os "donos do morro". Aquele morro tinha dono e, com certeza, não eram os traficantes. O Estado estava retomando sua moral, fazendo valer o seu poder. Era inimaginável que o Brasil estivesse preparado para defender seu território de uma invasão por parte de uma nação estrangeira, mas que não conseguisse retomar um pedaço de terra, ocupado por criminosos. Essa história iria acabar.

Os blindados da Polícia Militar, da Polícia Civil e, principalmente, os da Marinha, já estavam a postos. Os policiais, preparados para o confronto. Não se sabia ao certo se haveria ou não resistência por parte dos criminosos. O clima era de tensão, como sempre acontece quando algum confronto é iminente. No entanto, por mais que se gabassem, por mais que quisessem mostrar força, exibindo suas armas, nós éramos os preparados técnica e taticamente, e não eles.

As bravatas dos traficantes não nos intimidavam. Seus funks, que tentavam menosprezar a polícia e enaltecer suas ações, eram gritos inúteis de guerra. Seu fim já estava marcado. Era o mesmo que tentar mudar a história do *Titanic*. Ela já aconteceu. Assim, por mais que um novo diretor queira romancear a história, criar novos personagens, um fato ele não poderá mudar: o navio afundará.

Assim também seria com os traficantes de drogas, que insistiam em dominar os morros do Rio de Janeiro, como se fossem seus legítimos proprietários, e ali procurassem defendê-los com suas armas. O fim daquela história já estava traçado e não seria por eles mudado. A população do Rio de Janeiro, com a ajuda das forças policiais, venceu essa guerra.

A ordem foi dada. Os tanques começaram a subir o Complexo do Alemão, levando as tropas do BOPE e de outras forças policiais. Foram especificados lugares estratégicos de desembarque. Cada equipe foi instruída a cumprir uma determinada missão que fazia parte de um todo estratégico.

Em poucas horas, o Complexo do Alemão havia sido completamente retomado, sem nenhuma resistência. Na verdade, o que se ouvia, de vez em quando, era algum disparo de um traficante solitário querendo, com isso, dizer que havia alguma resistência. Tudo não passava de blefe. Aqueles criminosos que, dias antes, levavam o terror à cidade do Rio de Janeiro, fugiram e deixaram para trás tudo que não puderam carregar. Na verdade, deixaram tudo para trás, pois o cerco havia sido feito.

É claro que muitos conseguiram fugir disfarçados. Muitos deles, embora pertencentes ao tráfico de drogas, eram primários, ou seja, não tinham ainda qualquer condenação criminal transitada em julgado, sendo que, muitos também não tinham qualquer passagem pela polícia. Assim, podiam transitar livremente, passando, inclusive, por nossas revistas. Não podemos prender alguém contra quem não há expedido mandado de prisão ou mesmo indentificar quem pertence ao tráfico de drogas.

Embora pudessem fugir daquele local, indo, como soubemos posteriormente, se abrigar em outras comunidades pertencentes à mesma facção, vale dizer, o Comando Vermelho, suas armas e drogas teriam que ficar para trás. Tínhamos, agora, que começar imediatamente uma varredura no Alemão, pois sabíamos que a quantidade de drogas e armas existentes naquele local era imensa.

O trabalho que tínhamos pela frente era enorme. No entanto, tínhamos que, também, tentar, de alguma forma, encontrar alguns criminosos, pois muitos deles tinham mandados de prisão expedidos pela Justiça Criminal.

A imprensa nos acompanhava, mesmo que, no começo, a uma distância segura. Com o passar do dia, sendo verificado que tudo estava controlado, a mídia começou a nos seguir mais de perto. Isso era muito importante para nós porque evitava alegações de que a polícia estava sendo truculenta. Tudo estava sendo filmado. Nossas ações eram registradas a todo o momento. A sociedade era testemunha do nosso comportamento.

Tínhamos que ocupar aquele terreno enorme, antes inóspito. Minha memória viajava. Tantos confrontos naquele lugar.

Naquela época, estava sendo construído um teleférico no Complexo do Alemão, como parte das obras do PAC (Programa de Aceleração do Crescimento), do Governo Federal, que foi inaugurado em 2011, sendo integrado ao sistema de transporte ferroviário, possuindo seis estações: Bonsucesso/Tim, Adeus, Baiana, Alemão/Kibon, Itararé e Palmeiras. São, aproximadamente, 3,5 km de extensão, que são percorridos por 152 gôndolas, cada uma delas com capacidade para transportar oito passageiros.

Quando chegamos no ponto do teleférico do morro do Alemão, naquela época ainda em fase final de construção, tivemos a certeza de que nossa missão tinha sido cumprida. Naquele local, como de costume, hasteamos a bandeira do Brasil. Era o sinal de que o território havia sido ocupado por quem de direito: a população brasileira.

Em outras ocupações, quando o BOPE cumpria, basicamente, sozinho essa missão de reocupação, normalmente fincávamos no lugar mais alto a nossa bandeira. Ali, no Complexo do Alemão, a situação era diferente. Embora nosso Batalhão fosse o precursor de tudo, naquele momento, o hasteamento da bandeira do Brasil tinha um significado maior. Era a união de todos nós, policiais ou não.

Em um balanço aproximado, foram contabilizadas dezenas de toneladas de drogas (maconha, cocaína, crack etc.), além de centenas de fuzis, munições, pistolas, granadas, enfim, o prejuízo sofrido pelo tráfico era incalculável.

Na verdade, todos os grandes combates ocorreram no Complexo da Vila Cruzeiro, entre os caveiras e os traficantes daquela região. Ali, mostramos a superioridade do BOPE e com o apoio da Marinha do Brasil e seus blindados decretamos a derrocada do "QG" dos traficantes que assolavam nossa cidade.

Em competições esportivas, quando um time ou competidor individual é declarado vencedor pela ausência do adversário, dizemos que a vitória foi por "WO". Assim, podemos usar a mesma expressão, pois vencemos e retomamos o Complexo do Alemão pela ausência do time de traficantes que, amedrontados, não entraram em campo para disputar a partida.

"A suprema arte da guerra é derrotar o inimigo sem lutar."
Sun Tzu

1. Equipe do Sarg. André Monteiro (à esquerda).

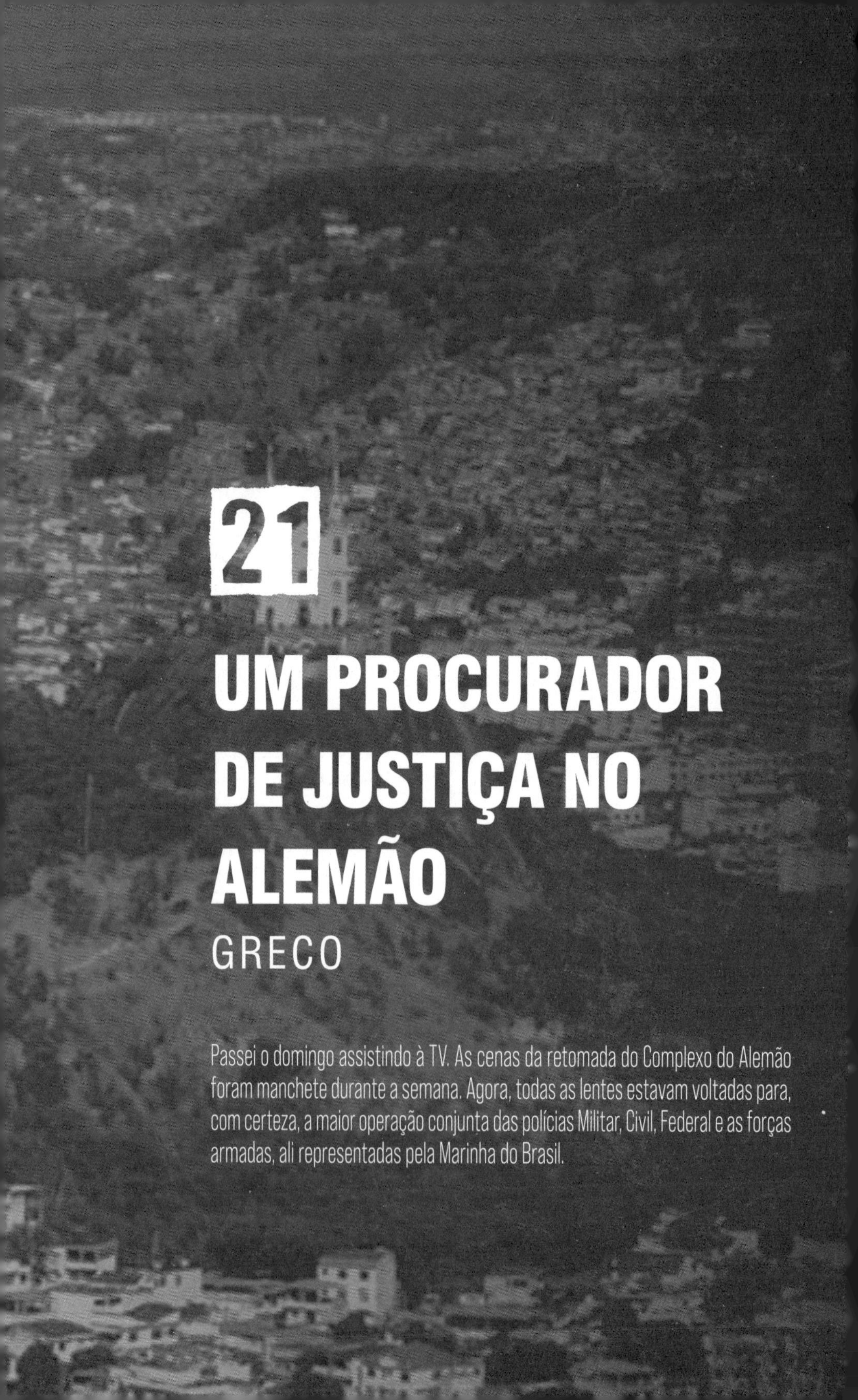

21

UM PROCURADOR DE JUSTIÇA NO ALEMÃO

GRECO

Passei o domingo assistindo à TV. As cenas da retomada do Complexo do Alemão foram manchete durante a semana. Agora, todas as lentes estavam voltadas para, com certeza, a maior operação conjunta das polícias Militar, Civil, Federal e as forças armadas, ali representadas pela Marinha do Brasil.

Os comentaristas estavam alucinados. A expectativa era muito grande. Esperava-se um confronto ou pelo menos alguma resistência por parte dos traficantes. O Complexo do Alemão, agora, abrigava também os criminosos que para lá fugiram, saindo do Complexo da Vila Cruzeiro.

Assim, pensava-se que poderia haver uma "guerra sangrenta", em que esses traficantes tentariam, a todo custo, resistir contra as forças policiais, a fim de não perderem mais do que já tinham perdido com a retomada do Complexo da Vila Cruzeiro.

No entanto, parece que o bom senso prevaleceu e esses traficantes acabaram fugindo, havendo poucas e esporádicas trocas de tiros com as forças policiais, principalmente com o BOPE.

As imagens dos tanques, que ficavam estacionados ao lado do 16o BPM, impressionavam. Ali, foi feito um perímetro, onde somente pessoas autorizadas podiam ultrapassar. Foi reservado, também, um lugar específico para a imprensa. Jornalistas de todo o mundo, literalmente, voltavam suas atenções para aquilo que se convencionou apelidar de a "Batalha do Alemão".

Fiquei a manhã inteira de domingo assistindoaos noticiários na TV. Ao vivo, as informações sobre todos os passos da polícia eram repassadas, em cadeia nacional. As imagens daqueles incontáveis policiais, enfileirados, subindo as ladeiras do Complexo do Alemão, mostravam aos criminosos que o tempo de abandono havia passado. O Estado, agora, estava retomando e entregando aquele lugar à população ordeira e honesta que ali habitava.

Passei o dia assitindo a essas imagens. Dias antes, havia falado com meu amigo Monteiro a respeito da minha vontade de estar com eles, participando desse momento ímpar da história de nossa nação. Sim, nossa nação, porque estava em jogo não o tráfico de drogas e o domínio de territórios por esses traficantes na cidade do Rio de Janeiro. Mais do que isso, estava em jogo a força do próprio Estado, como um todo. O país inteiro assistia, torcendo, admirado, pela vitória das forças do bem, contra aqueles que, durante anos a fio, acreditavam que dominavam um determinado território, subjugando toda uma população inocente.

No final da tarde de domingo, recebi o telefonema de um outro grande amigo. Era Betini. Com a voz entusiasmada, me disse:

– Rogério, você tem que vir para cá. Esse é um momento histórico. O Complexo do Alemão já está dominado. Amanhã, voltaremos novamente. Estou fazendo as incursões com o BOPE.

– Mano, conversei sobre isso com o Monteiro também. Quer saber, estou comprando a minha passagem para hoje à noite. Amanhã, se Deus quiser, me encontrarei com você no BOPE.

Assim que cheguei ao BOPE, na segunda-feira, um dia após o chamado dia "D", fui recebido por um outro amigo, o Ten.-Cel. René. Logo em seguida, me encontrei com Betini, antes do *briefing* daquela manhã. Fomos tomar café no rancho do Batalhão, nos preparando para um dia longo.

O Ten.-Cel. René, com seu jeito brincalhão, virou-se para mim e disse:

– Mestre, vai encarar o Alemão? Podemos ir juntos, no tanque da Marinha, que já está nos esperando.

– Amigo, não perderia essa oportunidade por nada.

– Embora já esteja dominado, temos que tomar cuidado, pois o Complexo é muito grande e ainda podem existir focos de resistência. Vamos fazer o seguinte, você irá com a patrulha do Betini até o 16o BPM. Nos encontraremos por lá e seguiremos com o tanque, para fazer um reconhecimento geral da área.

– Maravilha, meu amigo. Estamos juntos.

Logo após a nossa conversa, fui surpreendido. Não tinha roupas apropriadas para ir com a tropa. Nesse momento, ganhei um presente do meu amigo Betini. Era um fardamento preto, usado, surrado de tantas batalhas. Fiquei um pouco perplexo com aquilo, quando Betini me disse que, agora, era meu. Não era merecedor de usar aquela farda preta, mas a recebi com toda honra possível.

Em seguida, um outro amigo, Cabo Araújo (hoje, já promovido ao posto de sargento), a primeira pessoa que conheci no BOPE, me emprestou seu coturno. Quando menos esperava, o Ten.-Cel. René me entregou o colete balístico, à prova de tiros de fuzil. Equipei-me. Parecia, ali, que era um combatente do BOPE. Estava me sentindo o tal.

Depois que estava completamente equipado, encontrei um outro grande amigo e parceiro de pingue-pongue, o Ten.-Cel. Fábio. Assim que me viu equipado, me perguntou:

– Mestre, vamos subir o Alemão?

– Vim aqui para isso, meu amigo. O René me colocou na equipe do Betini.

– Então estaremos juntos. Vamos para o *briefing*. Chegou a hora.

Tanto o Ten.-Cel. René, como o Ten.-Cel. Fábio, embora fôssemos amigos, tinham a mania de me chamar de mestre. Era porque eu lecionava e escrevia na área penal e também pelo fato de ter ministrado algumas instruções jurídicas no Batalhão.

Participei do *briefing* junto com as equipes que, naquele dia, voltariam ao Complexo do Alemão. Enquanto o Ten.-Cel. Fábio passava as instruções para a tropa, do nada, alguém soltava uma bomba no meio de todos. Logo em seguida à explosão, todos gritavam: CAVEIRA!

Era o *habitat* natural daqueles homens. Era a isso que eles estavam acostumados. Tiros e explosões faziam parte do dia a dia da tropa. O *briefing* demorou pouco menos de uma hora. Todas as equipes já estavam divididas, com seus comandantes escolhidos e com suas missões previamente determinadas. Nada era feito ao acaso. Tudo tinha uma lógica, uma ordem, um estudo estratégico.

O Ten.-Cel. Fábio me manteve na equipe do Betini. Assim como ele, fui também na caçamba da viatura. Foi uma das experiências mais incríveis da minha vida. Eu, ali, vestido de preto, juntamente com os homens do BOPE, altamente preparados para aquela missão, indo em direção ao Complexo do Alemão.

O comboio era formado por cinco viaturas, cada uma delas transportando entre oito e dez homens. Saímos do Batalhão e, automaticamente, ao passarmos pela guarita, ouvimos o brado: CAVEIRA!

Parecia que as experiências extraordinárias não terminariam nunca. Durante o trajeto, experimentei aquilo que muitos policiais, talvez durante toda a vida profissional, nunca experimentarão. Estávamos indo abastecer as viaturas, no Batalhão de Choque, que ficava localizado em frente ao Sambódromo, no Centro da cidade, antes de nos dirigirmos ao Complexo do Alemão. Nas raras vezes em que o comboio parava, as pessoas que estavam nas calçadas, e também os motoristas dos carros que emparelhavam com as viaturas, aplaudiam o comboio, desejando sorte àqueles homens que, obstinadamente, estavam indo cumprir sua missão, em busca da paz social, em detrimento, inclusive, da sua própria vida.

Eram cenas incríveis. Mais pareciam um comercial de televisão, tal como divulgado nos EUA, onde alguns soldados desembarcavam em algum aeroporto e as pessoas que ali se encontravam, em sinal de reverência, se levantavam e começavam a aplaudir. Esse era o gesto de gratidão, por estarem fora de seu país, lutando pela paz. A mesma cena se passava ali; porém, era real. As pessoas estavam agradecidas pelo trabalho que o BOPE, e também as outras forças policiais, estavam realizando.

Por muitos anos, a população criticou a polícia. Agora, aquela realidade estava sendo mudada. A sociedade estava vendo o trabalho desenvolvido, os riscos que envolviam essa atividade, a dedicação, enfim, a sociedade percebeu, mesmo que tardiamente, que a função da polícia era servir. E era o que aqueles homens estavam fazendo.

Nos EUA, para que se tenha ideia do respeito que a população e o Governo têm por seus policiais e soldados, ao se identificarem em aeroportos, fardados, todos têm preferência no embarque, além de gozarem de descontos em, praticamente, todo o comércio.

Voltando ao Brasil, os motoristas que cruzavam com nossas viaturas gritavam: PEGUEM ELES! O fim estava próximo. A pacificação era a última chance do povo carioca voltar a viver em paz, voltar a expressar a alegria que sempre o caracterizou. Sua marca registrada voltaria a imperar. Não nos sujeitaríamos aos caprichos e desmandos desses traficantes. O Complexo do Alemão, embora não fosse a primeira comunidade a ser pacificada, seria um marco, pois todos teriam oportunidade de assistir a esse trabalho conjunto entre as forças policiais.

Já no Batalhão de Choque, enquanto as viaturas abasteciam, fomos para a cantina reforçar um pouco o estômago, pois não sabíamos o que nos esperaria pela frente. Cada um de nós comeu, basicamente, a mesma coisa. Um salgadinho com um refresco. O tempo estava quente. Uma bebida gelada cairia bem demais.

Abastecidas as viaturas, o comboio retomou ao seu destino inicial: o Complexo do Alemão. Chegamos ao 16o BPM, que era o QG. Ao lado dele, na rua em frente, estavam concentrados os veículos blindados da Marinha. Parecia um campo de guerra. A imprensa fervilhava em busca de informações. A todo instante chegavam apreensões de armas e drogas. Também alguns traficantes eram presos. Outros se entregavam voluntariamente. Um veículo do BOPE, utilizado como posto de comando, estava no local.

O Ten.-Cel. René já estava por lá, nos esperando. Assim que cheguei, embarquei no blindado da Marinha.

O calor dentro do blindado era insuportável, chegando a, aproximadamente, 50 graus, fora o natural desconforto. Aquele blindado não tinha limites. Passava por cima de qualquer obstáculo. Seu condutor tinha que ter muita habilidade, pois parecia que estava jogando videogame, utilizando um manete para dirigi-lo. Conduzir aquele veículo não era tarefa fácil.

Além dos equipamentos normais de proteção, fui obrigado a colocar um capecete balístico. No começo, achei muito estranho, principalmente porque, com ele, juntamente com o colete à prova de tiros de fuzil, o calor ficava mais insuportável ainda. O motivo, na verdade, da utilização do capacete, naquele momento, não era o perigo de receber algum tiro na cabeça, mas sim me proteger do próprio blindado. Muitos policiais, que nele embarcaram pela primeira vez, devido à sua inexperiência, saíram com a cabeça machucada, pois era comum que os solavancos, naturais naquele tipo de veículo, considerando o terreno pelo qual havia de passar, faziam com que batessem a cabeça naquele monte de ferro e aço.

O blindado se dirigiu até o teleférico do Complexo do Alemão. Ali, o BOPE já tinha tomado posição e guardava o território. Além do Ten.-Cel. René, e de outros policiais do BOPE, também embarcaram alguns policiais federais do COT. Era a primeira experiência deles em um combate dessa natureza. Para nossa alegria, assim que chegamos, nos dirigimos ao interior de uma construção utilizada como casa de máquinas para o teleférico, onde um bebedouro, com água gelada, já nos esperava.

Assim que desembarcamos, sem perder o padrão de vigilância, os policiais do BOPE fizeram um 360o, ou seja, vasculharam toda a região ao redor de onde estávamos. Afinal de contas, por mais que outra equipe já se encontrasse no local, aquele lugar era imenso e alguém ainda poderia estar escondido, esperando para efetuar um disparo de surpresa.

Depois de verificar, durante todo o trajeto escolhido, até chegar ao cume do teleférico, que a situação estava sob controle, o Ten.-Cel. René determinou ao condutor do veículo que voltássemos para a base, no 16o BPM. Lá, o BOPE já tinha toda uma estratégia preparada com alimentos e bebidas isotônicas para seus policiais, que precisavam se hidratar com mais frequência, devido ao calor intenso. Havia uma pequena cozinha dentro do ônibus do BOPE. Aproveitamos que chegamos na hora do almoço e comemos juntamente com a tropa. Após o almoço, cada um escolheu a sombra de uma árvore e tirou um breve cochilo antes de voltar para sua posição original, no coração do Complexo do Alemão, repondo, dessa forma, suas energias.

A todo o momento, patrulhas chegavam com novas apreensões de armas e drogas, além de trazer, também, alguns traficantes presos.

Essas armas eram pintadas de branco, a fim de serem posteriormente identificadas e encaminhadas à Justiça Criminal, que daria destino a elas.

Fiquei olhando aquela cena toda, aquela movimentação, principalmente o comportamento de alguns traficantes, já presos e algemados, que ficavam assentados na calçada do 16o BPM, aguardando sua condução para a Delegacia de Polícia, a fim de ser lavrado o auto de prisão em flagrante. Eram todos muito jovens. O *glamour* de ontem passou a ser o sofrimento de hoje. A vida do crime, como regra, dura pouquíssimo tempo. Como diz o ditado popular, vida de bandido só tem dois destinos: cadeia ou cemitério. Aqueles ali tiveram a sorte (ou o azar, não sei dizer ao certo), de serem presos. Muitos de seus companheiros de crime morreram tentando proteger um patrimônio que não lhes pertencia.

Depois de um breve descanso, subimos novamente o Complexo do alemão, juntamente com o Ten. Cel. René, e fomos verificar as posições que as equipes do BOPE haviam assumido.

Ficamos nos encontrando a tarde toda com as equipes. Cada uma delas tinha uma história diferente a contar. Não havia relatos, no entanto, de confronto direto com os traficantes. Ouvia-se falar de disparos ocasionais, de traficantes que fugiram disfarçados de trabalhadores, com roupas de gari da Comlurb (Companhia de Limpeza Urbana), de mototaxistas, embarcados em carros civis etc. Todos eram devidamente revistados. No entanto, muitos deles estavam recentemente praticando o tráfico de drogas e, ainda, não havia contra eles qualquer mandado de prisão. Isso dificultava o trabalho da polícia que, para poder prendê-los, tinha que ter a convicção de que se tratavam de criminosos. Não se podia prender a todos, sem distinção, sob o risco de punir, ilegalmente, trabalhadores honestos que viviam naquela comunidade, e que podiam ser confundidos com traficantes.

Vasculhamos inúmeras ruas e vielas, e vimos a destruição imposta pelo tráfico. Dezenas de veículos foram recuperados, principalmente motocicletas, justamente porque roubá-las era uma atividade relativamente simples. Para isso, saíam dois criminosos, em outra motocicleta. Quando avistavam a vítima, a interceptavam, ou aguardavam que o sinal de trânsito se fechasse, e anunciavam o roubo, determinando que descesse da motocicleta. Em seguida, um dos criminosos assumia o controle, indo em direção à comunidade. Naquela dia, a apreensão foi muito grande. O mesmo ocorria com os automóveis. Muitos deles, no entanto, foram encontrados completamente queimados, ou "depenados", ou seja, retiravam o que entendiam como mais valioso e vendiam para comerciantes inescrupulosos, que fomentam esse tipo de atividade, receptando os objetos de furto e de roubo.

Voltamos para o QG, no 16o BPM. Foi feita uma outra reunião, onde as equipes relataram o que havia sido apreendido naquele dia, bem como as prisões que haviam sido efetuadas. A imprensa acompanhava tudo de perto. A todo instante, novos flashes entravam ao vivo, informando a população sobre tudo que estava acontecendo naquele local. Os repórteres se revezavam. O cansaço de todos era evidente, mas ainda era só o começo. Graças a Deus, nenhum policial foi ferido e a população foi preservada de um confronto, que parecia inevitável, mas que, ao final, acabou não acontecendo. Os criminosos daquela comunidade entenderam o recado da polícia e fugiram. Não tinham a menor chance, pois estavam sendo atacados por todos os lados. As forças do bem, mais uma vez, triunfaram.

Fiquei feliz ao perceber que era possível a união de nossas polícias. Todas, juntas, trabalhando com um objetivo comum. É claro que, como em qualquer reunião de pessoas que pensam de forma diferente, uma ou outra discussão acontecia, cada qual querendo fazer prevalecer seu ponto de vista. No entanto, essas poucas e pequenas divergências não eram fortes o suficiente para minar uma união que nascia ali, naquele lugar, antes dominado pelo tráfico de drogas, e que agora voltava ao domínio do Estado. Nossos policiais deram uma lição ao mundo, de que é possível lutar em conjunto, com respeito aos direitos humanos, preservando quem tem que ser protegido pelo Estado, vale dizer, a nossa população, principalmente aquela mais carente, normalmente relegada a segundo plano por nossos políticos de ocasião.

Ao final da tarde, voltei para a sede do BOPE. No Complexo do Alemão, me perdi de Betini, que seguiu com outra patrulha, enquanto participei da incursão embarcado no blindado, juntamente com o Ten.-Cel. René. Afinal de contas, eu não tinha condições de acompanhar a patrulha do meu amigo Betini, pois não tinha conhecimento técnico para isso. Embora já tivesse feito alguns cursos no BOPE, como instrução de tiros de fuzil e pistola, e também técnicas de progressão na favela, era muito pouco para poder acompanhar aquele grupo preparado de combatentes, sem que os atrapalhasse em sua missão.

Estava exausto! Fiquei pensando: como essa turma suporta essa rotina? O que eles estavam fazendo não era uma situação excepcional. Era o seu dia a dia. Subir ladeiras, escadarias, debaixo de calor intenso, chuva, à noite, no frio, carregando consigo um peso extraordinário, que poderia chegar em torno dos 30 quilos, ou mais. Não era para qualquer um. Minha admiração por aqueles policiais cresceu ainda mais.

Assim que cheguei em casa, liguei para os meus amigos Monteiro e Betini e contei a eles sobre a minha experiência, parabenizando-os pelo trabalho. Como se diz no Batalhão, "missão dada é missão cumprida" e aquela, com certeza absoluta, havia sido cumprida a contento. A sociedade daquela comunidade já podia acordar de forma diferente, livre do jugo do tráfico. Como diziam, na época, os policiais que participaram dessa missão: "quem viveu, viveu; quem não viveu, perdeu". E eu, mesmo não sendo um policial, tinha vivido. Nunca mais esquecerei aquela experiência.

1. Ao lado Ten. Cel. René, no alto do Complexo do Alemão, no teleférico.

2 e 3. Barricadas feitas pelos traficantes, para impedirem a entrada de blindados e viaturas da polícia.

4. Durante uma incursão no Complexo do Alemão. Ao fundo, alguns policiais federais, operadores aerotáticos da CAOP (Cristiano, Hessel e Bernardo) que participaram da diligência com o BOPE.

5 e **6**. Barricadas feitas pelos traficantes para impedirem a entrada de blindados e viaturas da polícia.

7

8

7. No quartel da PM, na lanchonete, comendo um salgadinho com o "Velho" (o famoso 33), da Polícia Federal, também caveira do BOPE.

8. Na caçamba da viatura, no comboio para o Complexo do Alemão (Feitoza, Magalhães, Valdeir (*in memoriam*), eu e Betini).

9. Ao chegar ao 16o BPM, subimos até o alto do Complexo do Alemão no tanque da Marinha (Blindado M 113).

10. Ten.-Cel. Fábio, outro grande amigo no Batalhão, logo após voltarmos de uma incursão no Complexo do Alemão.

11. Visão do alto do Complexo do Alemão, na estação do teleférico, que ainda não tinha sido inaugurado naquela época.

12. Ainda na lanchonete, esperando a ordem de partida do comboio.

13. Blindados utilizados para o embarque das tropas.

22

OPERAÇÃO AEROTRANSPORTADA

BETINI

– Acorda! – disse o 33, dando um cutucão com o bico do coturno na minha costela.
– Eita, 33! Não vai descansar, não, velho maldito?
– Não. O Ten.-Cel. Fábio está chamando a gente. Se equipa.
– Quanto tempo eu dormi, velho?
– O suficiente. Uns dez minutos.

Equipei-me, comi mais alguns biscoitos, tomei água e chequei meu fuzil. Em frente ao ônibus do comando, pudemos ver o Ten. Novo conversando com o Ten.-Cel. Fábio. Aproximamo-nos e ficamos observando tudo. Após receber as últimas instruções, o tenente escolheu a sua equipe. Eram dez homens. Eu e o 33 estávamos entre eles. O Ten.-Cel. Fábio escolheu outros dez. Seriam vinte homens em uma operação aerotransportada, que utilizaria as aeronaves do GAM e da Polícia Civil.

– Recebemos informações da localização de um grupo de traficantes. Eles estão na mata, em uma região de difícil acesso, no alto do local conhecido como "As Torres". Estão armados e bem escondidos na mata. Vamos em duas equipes, sendo duas patrulhas com dez integrantes cada. O blindado (helicóptero) é quem vai desembarcar a gente lá. Depois que nos desembarcarem, eles irão dar uma pressão na mata, para ver se os caras se mexem.

E continuou falando. A equipe do Ten.-Cel. Fábio iria primeiro, todos embarcados no Bell 212, o helicóptero blindado da Polícia Civil. Outros dois Esquilos da Polícia Militar, primeiramente, levariam nossa patrulha em três viagens até um campo de futebol próximo das "Torres", para ficar mais perto para o blindado nos desembarcar. Logo após a aeronave decolar, embarcamos nos dois Esquilos, que partiram para a primeira "pernada". Rapidamente desembarcamos em um campo de futebol. Na verdade, era um pequeno estádio, com arquibancadas bem cuidadas, um bom campo e vestiários. Logo começaram a chegar vários moradores. Em menos de dez minutos, um grupo de pelo menos quarenta pessoas se formou. Um garotinho de aproximadamente cinco anos de idade se aproximou, meio receoso. A mãe dele gritou:

– Pode chegar perto deles, filho, eles gostam!

O pequeno chegou perto de nós. O Soares se aproximou e brincou com ele.

– É que ele nunca viu um policial de tão perto assim! – a mãe falou.

Um homem gordo, aparentando quarenta e poucos anos de idade, mandou que um funcionário levasse um balde cheio de refrigerantes e água mineral gelados.

– É pra vocês! – disse o homem.

Ele continuou.

– Obrigado por tudo o que vocês estão fazendo por nós! Por acabarem com essa humilhação que virou nossa vida. Eu achei que iria morrer e não veria esse dia. Já tinha perdido as esperanças. Vivo aqui há mais de quarenta anos. Esse era um bairro bom de se morar, tudo gente de bem, trabalhadores. Vieram esses indecentes e acabaram conosco. Eu gostaria de agradecer pelo que vocês estão fazendo e pela transformação em nosso bairro. Nós estamos com vocês!

Não sabíamos o que fazer. Uns agradeceram ao homem, outros simplesmente abaixaram a cabeça, pensando no significado daquelas ações para as pessoas que viviam ali. O grupo todo começou a nos aplaudir. Pessoas apareceram nas janelas dos edifícios próximos e começaram a sacudir toalhas e gritar palavras de apoio. O blindado negro se aproximou para pouso. O policial que estava ao meu lado olhou para as pessoas, se despediu deles e falou baixinho:

– Essa foi a primeira e última vez que fui aplaudido em um campo de futebol.

Todos começamos a rir. Sem perder tempo, embarcamos na lendária aeronave. Entramos pela porta da direita e segui para a lateral esquerda. Dentro da aeronave, fomos nos acomodando, sentando em caixas vazias de munição utilizadas como bancos. O piloto era, simplesmente, Adonis Lopes de Oliveira, uma lenda viva nas operações com helicópteros. A sua fama o precedia e logo eu poderia testemunhar que não havia nenhum exagero quando Adonis era descrito por sua coragem, audácia e perícia pilotando helicópteros. A aeronave decolou, passando próximo a um dos prédios, momento em que fez uma curva para a esquerda. Fiquei de frente para as pessoas aglomeradas nas sacadas. Um garotinho olhou para nós, com os punhos cerrados, em sinal de força. Respondi com o mesmo sinal. Nada poderia pagar a oportunidade de estar vivendo aquele momento.

Com precisão cirúrgica, fomos colocados em uma cota do terreno, próximos das "Torres". Os primeiros a descer correram, parando na posição de joelhos, mantendo a segurança em 360o, dando atenção especial para a parte de trás da aeronave que já decolava. A patrulha já estava em deslocamento, quando olhei para trás pela segunda vez. O deslocamento é acelerado e o terreno não oferecia muitas possibilidades de abrigo, pois estávamos em um local com vegetação rasteira. À minha frente uma coluna de homens correu em busca do confronto, ao fundo podíamos ver os helicópteros, um pouco antes de se dividirem em dois grupos, que voavam pela direita e pela esquerda, contornando a montanha onde havia a mata repleta de traficantes armados. Fizeram um voo rápido e baixo, sumindo das nossas vistas. Logo ao fundo surgiu o blindado que realizou uma sequência de disparos. Ouvimos tiros e dois caras à minha frente se abaixaram. Passei correndo por eles.

– É nosso! – eu me referia aos tiros que estavam sendo disparados pelos operadores do helicóptero blindado.

Lembrei-me da situação na Pedra do Sapo, pela manhã daquele mesmo dia, quando eu havia me espatifado de cima da pilha de tijolos. Achei engraçado. O Ten.-Cel. Fábio disse para tomarmos cuidado com os flancos e para não descuidarmos da retaguarda. Logo paramos em 360o para recebermos as últimas instruções.

– Os helicópteros vão começar o ataque, depois vão sair rapidamente. Nossa missão é identificar a posição deles e concentrarmos fogo o máximo possível, fazendo a saturação da área. Quando chegarmos ao ponto, vamos assumir um dispositivo em linha, margeando a mata. Alguma dúvida?

Entendemos as orientações e partimos imediatamente. A mata estava a menos de quinhentos metros agora. O Bell 212, conhecido como "caveirão do ar", iniciou uma longa curva pela direita da montanha, seguido de perto por um Esquilo. Pelo outro lado, os dois Esquilos do GAM fize- ram a mesma manobra. Continuamos correndo. Chegamos na mata, o Ten.-Cel. Fábio comandou a formação em linha.

– Deitem-se!

Posicionei-me na lateral direita do dispositivo. Antes de tomar a posição deitado, consegui ver o "Dozão" na aproximação final, voando pouco acima da copa das árvores. Os helicópteros abriram fogo contra os traficantes, em uma pesada sequência, que durou poucos minutos. Logo que eles cessaram fogo, "livrando a área"[1], pudemos ouvir os disparos dos criminosos. Ao comando do Ten.-Cel. Fábio, abrimos fogo contra a posição deles.

– Somente quinze disparos cada um! Na posição em pé!

---

1 Significa que deixaram a área.

Após a sequência de disparos, veio o comando para que nos deitássemos. Nesse momento os traficantes começaram a disparar contra nossa posição. Logo, ouvimos o barulho dos helicópteros, em uma rápida e mortal aproximação, iniciando outra pesada sequência de disparos. Aproveitamos a cobertura das aeronaves para nos deslocarmos, mudando de posição, tomando outro flanco da mata.

Havia pouco tempo para nossa manobra. Mal chegamos ao novo ponto e pudemos perceber que as aeronaves haviam livrado a área e novamente ouvíamos disparos dos traficantes, em menores quantidades. Repetimos outra sequência de disparos contra a posição deles. Pouco a pouco a resposta ao esforço de fogo das aeronaves e de nossa patrulha foi reduzindo, até que não ouvimos mais qualquer disparo. Eu tinha certeza que dentro daquela mata poucas criaturas haviam sobrevivido. As aeronaves retornaram à base, pois já quase não havia luz do sol, somente um resto de iluminação difusa no firmamento, que agora era de uma coloração alaranjada, quase vermelha. Sem parar, continuamos na conduta de patrulha montanha acima. O Ten.-Cel. René, segundo homem na hierarquia do Batalhão, comandava uma patrulha que subia o morro do Juramentinho. Partimos em apoio a eles. Logo, chegamos a uma carcaça de carro queimada.

– Como é que eles chegaram com esses carros nesse local?

– questionou o Ten. Novo.

Mais alguns metros e chegamos a outra carcaça, depois outra e assim foi. Era impressionante aquela visão de carcaças de veículos sendo tomadas por grama e capim, jogadas no alto de uma montanha, em uma mata. Parecia um daqueles filmes de catástrofe. Fiquei imaginando que em cada uma daquelas carcaças havia uma história de dor e sofrimento.

Chegamos ao topo da montanha mais elevada, onde havia uma grande pedra. Desloquei-me até ela, vasculhando em busca de algum "olheiro" do tráfico. Pude avistar, lá embaixo, um bairro que não me lembro o nome. Seguimos em direção ao Juramentinho. Começamos a descer por um terreno difícil. O Ten.-Cel. Fábio escorregou em um ponto onde o terreno estava lamacento. Mal suas costas bateram no chão, ele já estava se levantando novamente. Outros escorregaram no mesmo local.

Cada vez mais eu admirava aquele homem. Sua simplicidade, aliada ao espírito guerreiro, o transformavam em um dos maiores líderes com quem eu já havia trabalhado. Sob seu comando, os policiais cumpririam qualquer missão. Todos confiavam nele e o admiravam.

Chegamos aos primeiros barracos no alto do morro. Em uma casa, à direita de nossa passagem, havia um alto-falante amarrado a uma árvore, que tocava algumas canções religiosas. Menos de cinquenta metros depois, havia outro, de onde ouvíamos funk. A letra da música era extremamente chula, falando de sexo, palavrões e todo o tipo de baboseira que compõem esse tipo de contracultura. Seguimos patrulhando favela a baixo. Conforme descíamos o morro, ficava óbvio que as partes mais altas eram geralmente as mais carentes. Logo, avistamos a equipe do Ten.-Cel. René, que subia com o apoio de dois M113 da Marinha. Fomos até o ponto de reunião e descemos a partir dali. A patrulha deles continuou batendo as casas do local. Fomos a pé até a base do morro, onde havia um blindado do BOPE nos aguardando. Estávamos exaustos. Aproveitamos a parada para nos alimentarmos e para a hidratação. O 33 estava visivelmente abatido. Voltamos ao 16o BPM.

– Deem "um leve" e aproveitem para jantar. No ônibus tem rancho. – disse um sargento logo que chegamos.

Retirei meu equipamento, mantendo somente a camiseta que estava por baixo da gandola na parte de cima e permanecendo de calça, bute e cinto operacional. Estiquei minha coluna e pude ouvir as vértebras estalando conforme eu apoiava as costas no chão.

– Que sensação boa! – disse para mim mesmo.

É impressionante como as coisas mais simples assumem um valor tão grande quando estamos fora de nossa zona de conforto. Já era noite.

– E aí, 34? Qual a ideia? – perguntou o 33.

– A ideia é incorporar com a nossa patrulha amanhã. Hoje voltamos para a SR.

– Beleza. Vamos jantar?

Entramos no ônibus. O 16o BPM estava sem energia elétrica e os geradores mantinham somente o que era essencial. Usando lanternas, nos servimos. Comemos e retornamos com a patrulha que saía de serviço. No dia seguinte, faríamos quase tudo do mesmo jeito. A diferença era que estaríamos incorporados com nossa patrulha e o pernoite seria na favela.

1. Helicóptero blindado da PMERJ sobrevoando o Complexo do Alemão.

2. Aluno 30 (Sarg. J. dos Santos) do COEsp – BOPE. Morto em junho de 2013 no Complexo da Maré.

3. Alunos do curso do BOPE na instrução de rapel nos cabos do bondinho Pão de Açúcar.

4. Policiais do BOPE em combate.

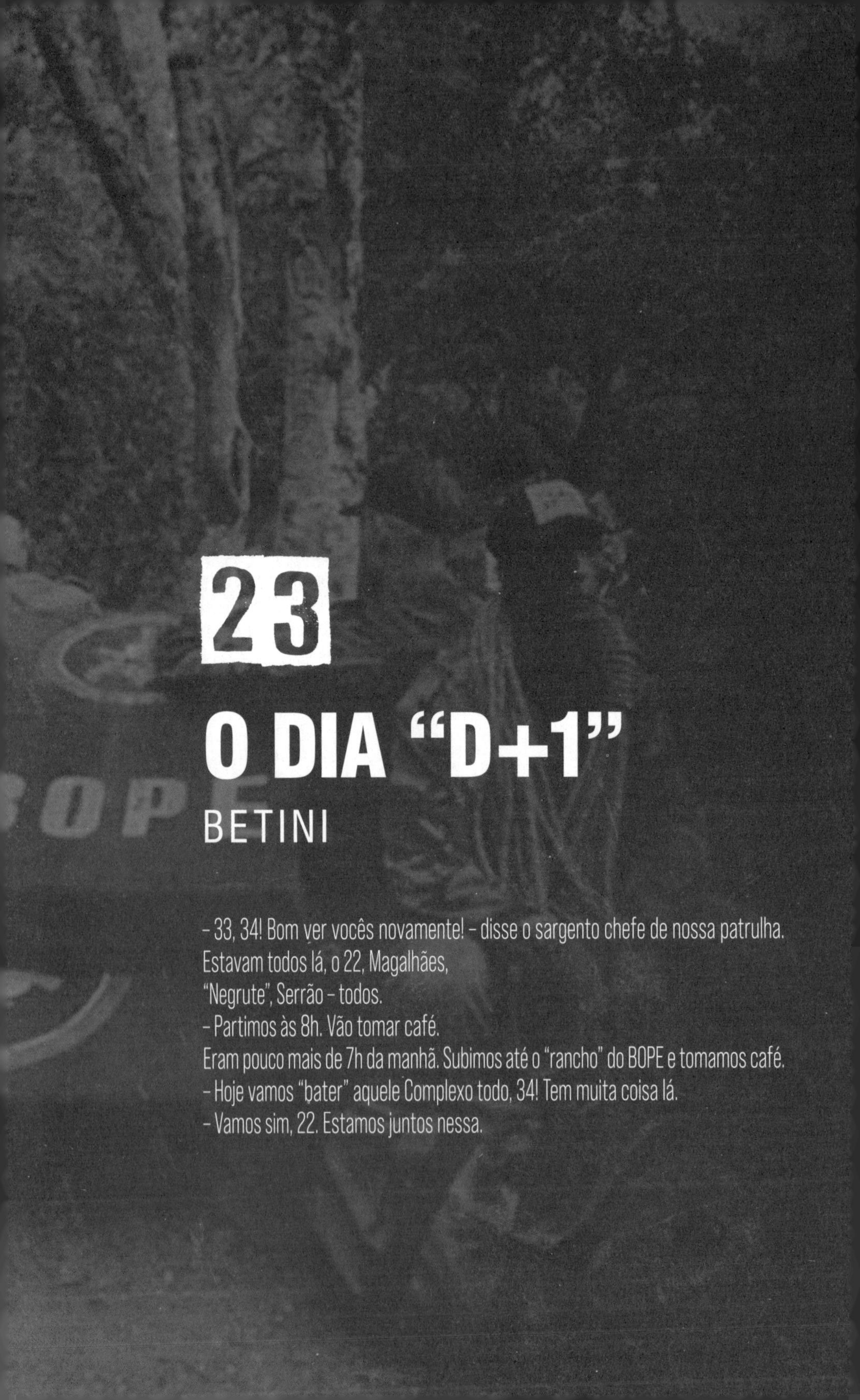

23

O DIA "D+1"

BETINI

– 33, 34! Bom ver vocês novamente! – disse o sargento chefe de nossa patrulha.
Estavam todos lá, o 22, Magalhães,
"Negrute", Serrão – todos.
– Partimos às 8h. Vão tomar café.
Eram pouco mais de 7h da manhã. Subimos até o "rancho" do BOPE e tomamos café.
– Hoje vamos "bater" aquele Complexo todo, 34! Tem muita coisa lá.
– Vamos sim, 22. Estamos juntos nessa.

Escolhemos a região conhecida por "Largo do Coqueiro" na favela "Nova Brasília", pois no dia anterior havíamos recebido alguns informes, dos colegas da Federal, sobre coisas que estavam acontecendo por lá. Alguns endereços ainda seriam checados.

Havia uma informação de que os traficantes estariam guardando armamento, drogas e munição no forro de uma igreja. Seguimos embarcados nas viaturas. Logo, chegamos ao local. Era uma igreja grande, realmente tinha espaço para guardar muitas armas e drogas. Sabíamos que os traficantes forçavam os responsáveis, fossem padres ou pastores, a permitir aquilo, contra sua vontade. Sabíamos, inclusive, de muitas denúncias que partiam dos próprios religiosos.

O local estava fechado, com uma pesada corrente.

– Vamos estourar o cadeado – disse o Magalhães.

– Deixa comigo – respondeu o Serrão.

Senhor, nós temos a chave. Isso aqui faz parte da igreja. – disse uma mulher, referindo-se a um imóvel comercial onde havia uma pequena mercearia, bem ao lado da igreja.

– A senhora pode abrir, por favor?

– A polícia já esteve aqui por duas vezes...

– Agora vai ser a terceira então.

– Sim, senhor. Chame a dona Maria – a mulher ordenou a um garotinho.

– Ela tem a chave e mora logo ali.

– Tudo bem senhora, nós esperamos.

Logo, o garoto voltou. Minutos depois, uma mulher aparentando uns cinquenta anos de idade, veio em nossa direção, com um molho de chaves na mão.

– Vocês já vieram aqui duas vezes!

Ela falou, em tom ríspido.

– Então essa vai ser a terceira – respondeu o Serrão, calmamente.

egamos as chaves e abrimos a porta da igreja. Alguns homens ficaram na nave do templo e outros foram para o andar superior. A mulher nos acompanhava enquanto subíamos as escadas. Logo no final da escadaria havia uma pequena cozinha e, acima do fogão, um alçapão dava acesso ao forro. Colocamos uma cadeira sobre uma mesa e eu subi no forro em busca das armas. Percebi que outras pessoas já haviam feito o mesmo. Havia muita poeira e o local era abafado e escuro. Continuei rastejando até chegar a duas caixas d'água.

Terminei a varredura no forro, aliviado por poder sair daquele lugar. Desci com a ajuda dos outros dois policiais, que terminavam a varredura na cozinha e no salão ao lado. Não encontramos nada ali.

A menos de duzentos metros de nossa posição havia uma guarnição da PM recolhendo motos roubadas na favela, centenas delas.

– Olha só, Negrute. Ali em cima fica o beco onde o "Senhor da Guerra" foi baleado – disse o 22.

– É sim. Querem ir até lá?

– Lá é sinistro. Vamos sim.

"Senhor da Guerra" era como chamávamos o Hector, um caveira que havia sido instrutor do meu COEsp. Era um camarada de estatura mediana, tinha, no máximo 1,70m de altura. Magro, com o rosto fino e voz grave, dono de um modo calmo e educado de se expressar. Era soberano em combate. Acreditava que aquela escória composta por traficantes não poderia matá-lo. Nem ferido ele perdia sua postura inconquistável. Lembrei-me de um confronto que tivemos alguns anos antes na favela Vila Aliança. O Hector estava na patrulha. Já havíamos abatido um soldado da contenção, que portava uma pistola e um rádio. Era um "radinho", simplesmente como eram chamados os "soldados" que tinham a função de avisar aos traficantes a nossa posição exata. Depois que avisavam era uma "chuva de chumbo" sobre nossa posição. Por isso, em um ambiente como aquele, um radinho não é somente um radinho, é uma arma que pode te matar. A progressão no terreno estava difícil. Naquela noite, ficamos boa parte do tempo estacionados, no dispositivo de 360o, em um pequeno largo no interior da favela. Prosseguimos patrulhando, silenciosamente, um bando de fantasmas vagando por aquela imensidão de vielas, becos, escadarias e lajes.

– Mantenha sua cabeça baixa, 34! Saia do meio da viela!

– disse o Major Fábio.

Sim, naquela época o Ten.-Cel. Fábio ainda era um Major. O Ponta 1 parou, congelado como um cão perdigueiro, que avista uma perdiz em uma pastagem. Todos percebemos que algo estava para acontecer. Tudo estava quieto. Conseguia escutar meu coração batendo e fixei os olhos no final da viela. Cada um buscou abrigar-se como podia e o homem adiante de mim abriu a porta de uma das casas. Lentamente, ele e o atirador entraram na casa buscando uma posição na laje. Ainda não conseguia ver o que estava acontecendo. Olhei para o 26, deitado uns cinco metros à minha direita, e percebi a tensão nas veias de sua têmpora, que saltavam conforme seu coração batia. Fixei o olhar no final da viela – qual é o seu segredo? Tentei desvendar, mas não consegui. Não percebi nada de anormal. De repente, vi um vulto cruzar de um lado ao outro a viela. Não era possível! – pensei. Estamos muito perto.

Pouco a pouco, observei uma patrulha de traficantes, em uma conduta semelhante à nossa, se aproximando, ganhando o terreno ponto a ponto, como nós mesmos fazemos. Pensei que poderia ser uma patrulha de policiais. Não era possível! Estavam a menos de vinte metros à minha frente os homens inabaláveis diante da ameaça de morte iminente. O que é isso? – pensei. Estão a menos de dez metros e ninguém percebeu nossa presença. O confronto era inevitável, não havia mais nada a fazer, além de nos prepararmos para o combate. Já conseguia ver os fuzis, os contornos das pistolas, além de um garoto com uma granada na mão. Não deveria ter mais do que 14 anos de idade, mas, àquela distância, uma granada daquelas, uma M9 possuía um raio de nove metros, com 100% de letalidade. A patrulha toda estava ao nosso alcance. O Ponta 1 estava a menos de seis metros do primeiro homem da patrulha dos traficantes. Era impressionante a conduta deles, pareciam militares.

O primeiro homem parou, como que pressentindo algo. Até hoje vejo a imagem dele, parando de repente e olhando para os lados, os olhos esbugalhados, sentindo um suave toque da morte em seus ombros, sussurrando em seu ouvido que chegara a hora de prestar conta dos seus pecados. Ele iniciou um movimento de cabeça, os olhos buscando a laje, de onde o atirador o observava, através da luneta de seu Winchester M70. Antes de completar o giro, sua cabeça explodiu. Abriram-se as portas do inferno e aquela sinfonia macabra, composta dos estampidos dos fuzis, dos gemidos dos moribundos, que agonizavam, e dos gritos dos integrantes da patrulha que avisavam sobre um traficante que tentava fugir.

O Hector correu. Passou pelo campo da morte, pisando sobre os corpos e alcançou o fugitivo, que havia deixado cair seu fuzil. Com um chute nas pernas, por trás, fez com que o bandido se desequilibrasse e caísse, e o prendeu em seguida. Não havia mais nada a fazer naquele lugar. Foram tempos difíceis. Senti falta do Hector ali conosco.

– Partiu, pessoal. Vamos embora, tem muita favela para "batermos" ainda. Tem muita arma para encontrarmos. – disse o "Negrute".

Prosseguimos batendo casa a casa.

Alguns metros mais e chegamos a uma parede de concreto, de, aproximadamente, cinquenta centímetros de espessura, com um buraco à certa altura, construído especificamente como um abrigo. O buraco era, na realidade, uma seteira, por onde os traficantes abriam fogo com seus fuzis. Atrás da parede havia um beco por onde o atirador poderia se evadir caso ficasse difícil manter a posição. De qualquer jeito, com um ponto de tiro daqueles, que proporcionava aquela proteção, seria difícil alguém avançar por aquele beco. A coloração cinza dificultava ainda mais a identificação daquela fortificação. Tiramos algumas fotos e marcamos o ponto com o GPS para que a equipe de demolição destruísse aquilo. Seguimos pela viela por mais uns quarenta minutos, depois voltamos. Cada um voltou empurrando uma moto, com dois permanecendo na segurança. Uma equipe da Polícia Civil passou por nós com um informante escondido atrás de uma balaclava. Eles entraram em uma casa que havíamos "batido" poucos minutos antes. Na casa havia um homem idoso sozinho e, portanto, desconfiamos daquilo. Ficamos lá dentro por quase uma hora, mas não conseguimos achar nada.

– Não é possível! – disse o Serrão.

– Velho, eles foram direto para casa – respondi. Voltamos para a viatura. Tomamos mais uma Coca-Cola.

Ninguém falava, mas todos estávamos apreensivos com a maneira com que os policiais haviam entrado direto na casa que tinha sido batida por nós. O informante os levou lá para dentro. Mais alguns minutos e os policiais saíram do beco, colocaram o informante em uma viatura, que o levou dali. Outros policiais continuavam saindo de lá carregando caixas com pistolas, fuzis, munições e granadas.

– Assim fica difícil! – desabafou o Serrão.

Dois integrantes da equipe foram até o local para ver onde estavam escondidas tantas armas. Alguns minutos depois, eles voltaram.

– No piso da sala, ou melhor, embaixo dele. Estava tudo concretado. Só se quebrássemos a casa toda e cavássemos todo o piso.

O moral da equipe ficou abalado. Todos queriam ter encontrado aquelas armas. Teria sido bom para nossa moral. Ficamos em silêncio, alguns olhavam para o chão, outros simplesmente chutavam uma quina de parede, outros mantinham os olhos fechados, encostados no pneu da viatura, descansando um pouco. Todos fingindo que não estavam chateados com aquela situação.

– Vamos embora! – disse o Serrão.

Subimos na caçamba, pesada e lentamente. O motorista manobrou a viatura e começou a descer a rua estreita.

Retornamos ao 16o BPM e ninguém disse uma só palavra. O dia já estava terminando. O silêncio só foi quebrado próximo ao horário do jantar. Para variar era o 22 quem fazia uma piada imitando alguém.

1. Policiais do BOPE em conduta de patrulha, durante confronto entre traficantes

2. Equipe do BOPE retirando obstáculos das vias

3. Vista da estação do teleférico do Complexo do Alemão.

4. Ten.-Cel. Fábio, Sarg. Ferreira, Sarg. Jesus (na viatura) e policiais do BOPE distribuindo presentes para as crianças da comunidade.

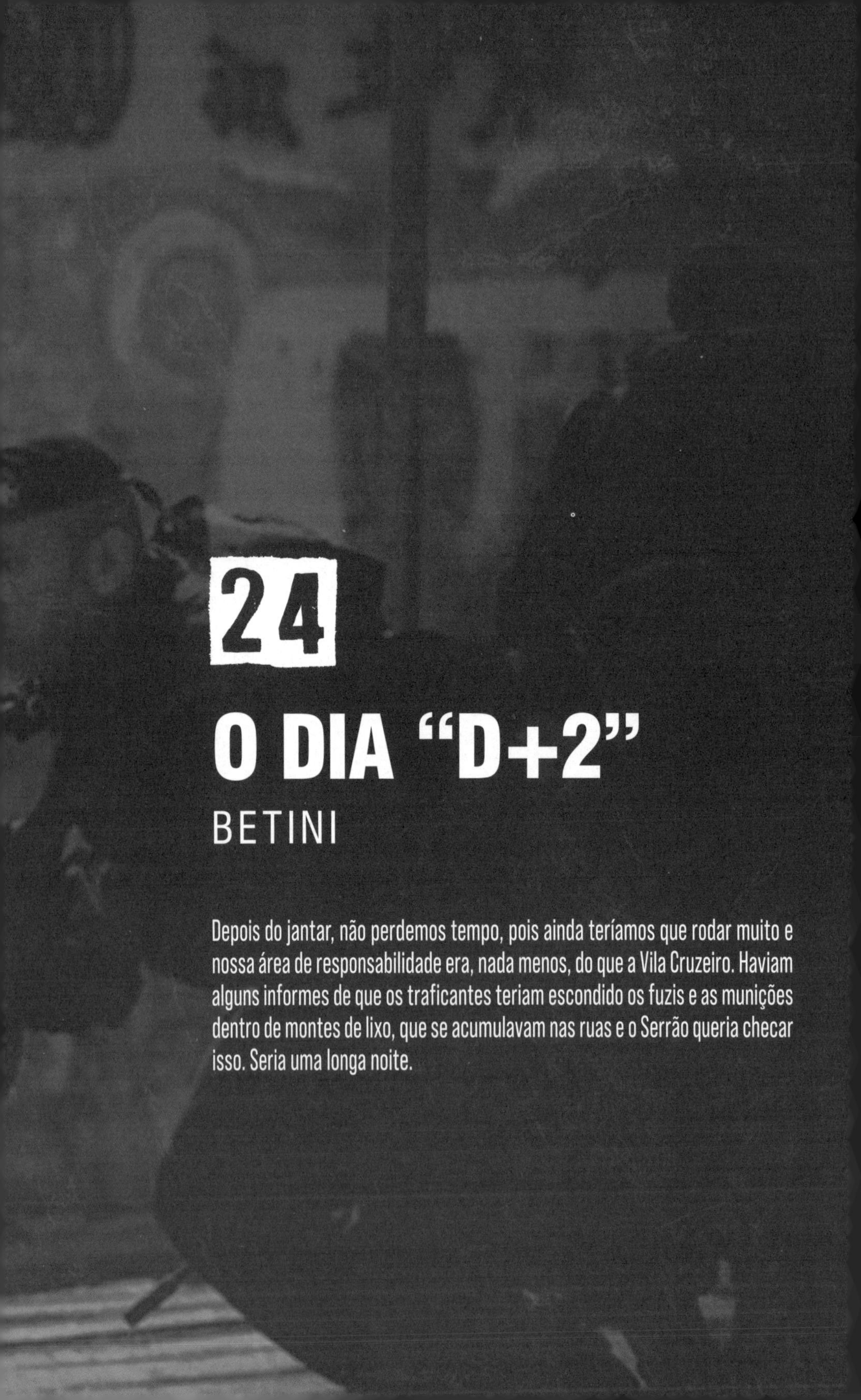

24

O DIA "D+2"

BETINI

Depois do jantar, não perdemos tempo, pois ainda teríamos que rodar muito e nossa área de responsabilidade era, nada menos, do que a Vila Cruzeiro. Haviam alguns informes de que os traficantes teriam escondido os fuzis e as munições dentro de montes de lixo, que se acumulavam nas ruas e o Serrão queria checar isso. Seria uma longa noite.

Seguimos pela rua Itaúna. Já era possível perceber que muita coisa havia mudado por ali. Não era o mesmo lugar de seis dias atrás. Mas ainda era pouco e muita coisa haveria de ser feita para que aquele local se transformasse realmente em um bom lugar para se viver. Em uma via qualquer, que não me lembro o nome, em um dos acessos para a estrada da Pedreira, havia um monte de lixo acumulado na rua. Devia ter umas cinco toneladas de lixo, com, aproximadamente, dois metros de altura e uns dez metros de diâmetro. Fedia muito e pela viela escorria um chorume de coloração escura, que causava náuseas até nos policiais mais rústicos.

– Aí, se fosse eu tinha colocado os fuzis aí dentro. Quem vai ser louco de procurar aí? – arriscou o Serrão, buscando apoio para a sua ideia.

– Nós! – respondeu o Magalhães. – Nós somos malucos de revirar isso tudo aí, tudinho, até o último saco de lixo podre!

Já tínhamos desembarcado da viatura e formávamos uma linha admirando o monte de lixo. Dois ficaram fazendo a segurança da equipe, um para cada lado da rua. O Negrute havia ficado para trás, tinha ligado para sua esposa. Quando terminou sua ligação, partiu em direção ao monte de lixo, sem dizer uma palavra, como era de costume. Ele quase não falava. Passou por nós e lançou-se sobre o monte de lixo. Existe um ditado militar que diz: a ordem até que convence, mas o exemplo arrasta. Foi o que aconteceu, fomos arrastados pelo exemplo do Negrute, revirando o lixo.

O 33 abriu um saco com pedaços de carne podre e aquele cheiro impregnou o ambiente. Alguns moradores se comoveram e um jovem surgiu com uma enxada para facilitar nosso trabalho. Depois, um senhor levou alguns pedaços de ferro, com ganchos na ponta, daqueles utilizados para abrir e fechar as portas de aço de estabelecimentos comerciais. O Magalhães se queixou de seu coturno, que estava embebido em chorume.

– Eu estou azedo! Podrão mesmo! Eu estou muito fedido!

O 22 começou a chamá-lo de "Vossa Excelência". Os dois ficavam discutindo, como se fossem deputados em uma audiência, xingavam-se o tempo todo, mas não deixavam de se chamar de "Vossa Excelência".

O tom de voz era sempre muito alto e imagino o que as pessoas que nos observavam pensavam daquele bando de malucos.

– Vossa Excelência está envolto em um mar de lamas! Vossa Excelência é uma vergonha para esta casa! Vossa Excelência está metido em todo o tipo de sujeira possível! – gritava o 22, sem parar de revirar o lixo na sua área de responsabilidade.

– Vossa Excelência me respeite! Vossa Excelência não tem moral para falar de minha pessoa! Vossa Excelência é um covarde. Fala de mim, mas está atolado no lixo também! Vossa Excelência é um hipócrita!

Era impossível não rir daquelas figuras. O Magalhães com as suas grandes bochechas e um olhar de quem está sempre de bem com a vida, quase rindo.

Grande parte do monte de lixo havia trocado de lugar. Conforme revirávamos uma parte, íamos jogando tudo em outro lugar, para que ninguém repetisse o trabalho. Na realidade, queríamos sair dali o mais rápido possível.

O Magalhães jogou o gancho no chão e saiu em direção a uma pequena mercearia perto dali. Alguns minutos depois, voltou com uma garrafa de Coca-Cola e alguns copos descartáveis. Bebemos o refrigerante ali mesmo.

– Negrute, tira essa fralda cheia de merda colada no seu coturno! Vossa Excelência está todo cagado! – disse o Magalhães.

Todos riram, inclusive o Negrute que retirou a fralda com um gancho.

– Caramba, quero conhecer esse moleque dono dessa fralda! Vai cagar assim! Olha só Negrute! Seu bute tá todo merdalhado! Dá para aproveitar a bosta desse moleque pra fazer cola! Gruda em tudo! Imagina que inferno ser pai de um monstro desses! Merda adesiva... e fedida! – continuou brincando o Magalhães.

Terminamos de revirar o lixo e não achamos nada.

Embarcamos na viatura e continuamos a nossa patrulha.

– Aí, 33, você está cheio de tapuru! Que coisa nojenta, “Velho”.

Os vermes saíam pelo coturno do 33, andavam sobre suas roupas, estavam em todo o lugar. O saco com carne podre, que ele havia aberto, estava cheio de vermes, que foram parar nas suas roupas.

– O “Velho” é o maior matador da região: de tapuru! Matei uns mil tapurus hoje! – disse o 33, rindo dele mesmo.

Toda vez que abordávamos alguém, as pessoas ficavam olhando, atônitas, sem acreditar no que viam. Estávamos fedendo, com nossas roupas e coturnos cheios de restos de lixo e, com certeza, isso causava alguma estranheza. Particularmente a mim, causava estranheza a tranquilidade daquele bairro. Como seria possível um grupo de bandoleiros destruir a vida de tantas pessoas? Sem a presença do tráfico e do seu poderio bélico, agora, as ruas eram tranquilas e a "terrível" Vila Cruzeiro era um bairro agradável. Lógico que em vários pontos faltavam obras de infraestrutura e investimentos em saneamento básico e urbanização. Acontece que em outras regiões era um bairro agradável. Enquanto passávamos, as casas me chamavam a atenção. Estávamos em uma região de casas antigas e bem cuidadas. A viatura parou. Um carro encostado chamou a atenção de um dos integrantes da patrulha.

– Olha só! Será que não é o carro do Jorginho?

– Difícil! Seria muita sorte, mas parece mesmo! – opinou o Serrão.

Ele se aproximou do carro e confirmou.

– Não é que é o carro do cara! Olha só que sorte! A equipe toda ficou agitada.

– 34, esse moleque é vigia em um *Shopping*. Ele é daqueles caras que gostam de polícia. Coitadinho, o moleque trabalhou cinco anos para poder pagar esse carro. Um Escort velho, todo arrebentado, mas foi a única coisa que o garoto conseguiu ter na vida. Você não imagina como ele chorou quando roubaram esse carro dele. Ele não vai acreditar.

O Serrão, visivelmente emocionado, ligou para o jovem, que demorou a acreditar no quc ouvia.

– Vamos ter que levar esse carro – sentenciou Serrão.

Todos concordaram. Mas tínhamos um problema. Tentamos ligar o carro, pois o ladrão havia feito uma ligação direta, mas a bateria estava descarregada. Depois de algum tempo, decidimos rebocar o veículo utilizando a viatura. Era a melhor alternativa. Precisávamos deixá-lo em segurança, próximo a uma cabine da PM, que ficava uns cinco quilômetros dali. Mas estávamos sem corda. Tínhamos somente um "cabo solteiro", um pedaço de corda de quatro metros, utilizado para fazer a segurança do policial quando em atividades verticais. Não queríamos comprometer aquele equipamento, utilizando-o para rebocar um veículo. Vi um grupo de moradores conversando na porta de casa. Eles, na verdade, estavam observando o que fazíamos. Eu me aproximei.

– Este carro tá aí há mais de quinze dias, policial. Eles usam para ficar fumando maconha aí dentro. Deve ser roubado – disse um senhor.

– É roubado sim – respondi.

– Boa noite – disse.

– Boa noite, policial. Obrigado pelo que vocês estão fazendo aqui. O senhor não sabe como isso é importante para nós.

– Sei sim e é importante para nós também. Essa pouca vergonha tinha que acabar uma hora. Estamos precisando de uma corda para guinchar aquele carro, será que o senhor sabe quem tem?

– Eu tenho – respondeu uma mulher que estava no quintal de casa – é do meu filho.

– Será que a senhora pode nos dar um pedaço dela?

– Mas vocês não vão poder devolver, não é?

– Não, não vamos devolver.

– Peraí.

Ela saiu e logo voltou com uma corda.

– Corta o pedaço do tamanho que o senhor precisar. – disse a mulher.

Cortei um pedaço de uns seis metros, agradeci e retornei para onde estava o restante da patrulha. Fizemos a amarração no Escort azul e o levamos até o posto da PM mais próximo.

– Tem coisa simples que a gente faz, mas que deixa a gente feliz, não é, 34? – disse o Magalhães.

Ele continuou.

– Tipo assim: para a sociedade, o que é um carro velho desses? Todo arrebentado? Mas para o dono dele significa muito e nós é que devolvemos o carro para ele. Gosto disso. Ninguém dá a mínima para isso, ninguém vai saber disso, mas eu gosto disso.

E o Magalhães continuou repetindo, várias vezes, cada vez mais baixinho, enquanto fazia um movimento com a cabeça, concordando com o que ele mesmo dizia.

– Eu gosto disso.

Continuamos patrulhando até às 2h da madrugada. Após uma abordagem de rotina de dois jovens que estavam dentro de um carro, o Serrão decidiu:

– Rapazeada, por hoje chega. Vamos para a região do Morrão, onde temos que passar a noite e vamos escolher um bom local para pernoitar.

Fazemos um "quarto de hora[1]," improvisamos uma "cama" e vamos descansar. Está na hora de "dar um leve", porque amanhã, a partir das 6h, estaremos na atividade de novo.

Partimos em direção ao Morrão. Passamos por ali no dia anterior e vimos que havia uma estação do teleférico em construção, uma das obras do PAC[2]. Antes, passamos no 16o BPM para trocar de viatura. Deixaríamos a pick-up e partiríamos em um blindado do BOPE. Aproveitamos para lavar o rosto e as mãos. O 33 retirou o coturno, de onde saíram tapurus, alguns vivos, a maioria esmagada.

– Matador de tapurus. Sou o melhor matador daqui – pude ouvir o 33 falando sozinho.

Chegamos ao local sugerido pelo Serrão. Era uma das bases do teleférico do Alemão, ainda em construção. Entramos no canteiro de obras e não havia ninguém por lá. As portas estavam trancadas. O Magalhães encontrou uma janela no primeiro andar, o Negrute confirmou:

– Vai ser por aí mesmo!

Fizemos uma "pirâmide", uma técnica de transposição de obstáculos e, em poucos minutos, a patrulha toda estava subindo as escadas rumo à parte mais alta da base. Já estava escuro. Ninguém mais falava, somente sussurrava. Também não acendíamos lanternas. A disciplina de ruídos deveria ser observada durante todo o período em que estivéssemos ali.

---

1 Significa que sempre algum policial, geralmente mais do que um, ficará acordado, vigiando enquanto os outros dormem. É feito um sorteio em que se escolhe quem fica em cada horário. Assim, todos descansam e sempre haverá alguém na segurança.

2 Programa de Aceleração do Crescimento, do Governo Federal. São obras de infraestrutura e urbanização realizadas nas comunidades carentes do Rio de Janeiro. Em alguns lugares, como no morro do Adeus, antigos moradores de áreas de risco em encostas de morros, como, por exemplo, na Pedra do Sapo, já haviam sido transferidos para apartamentos construídos em locais com uma boa infraestrutura e com excelentes condições, principalmente quando comparados aos locais anteriores onde moravam. O que antes era somente favela, agora se tornara ponto turístico. Em alguns pontos da própria Pedra do Sapo existiam áreas inteiras onde não haviam mais moradores. Os barracos abandonados estavam sendo demolidos e naquele local ninguém mais poderia construir residências. Mais ações como essas evitariam a grande quantidade de vítimas fatais em situações como as que assolaram a região serrana do Rio de Janeiro no mês de janeiro de 2011. Nesse contexto havia uma questão que havia ficado mal resolvida, eram os cães. Nessa mesma região da Pedra do Sapo, com casas em ruínas e regiões inteiras que foram evacuadas, restaram os animais de estimação. Era de cortar o coração ver aqueles animais guardando as casas de seus donos e aguardando o regresso daqueles que sabíamos que não voltariam mais. É que as residências agora eram apartamentos e não havia lugar para os cães. Eram muitos, abandonados, doentes, famintos. Era realmente de cortar o coração.

Afinal de contas, aquele era o Complexo do Alemão e não convinha facilitar. Lá em cima cada um tentou improvisar sua cama da melhor maneira possível. Havia muita poeira no chão, com certeza seriam restos de areia e cimento ou da própria madeira utilizada. O Serrão encontrou um pallet de madeira, daqueles utilizados para empilhar cargas.

– Aqui, 34. Pode dormir aqui comigo. Cabem dois aqui tranquilo.

– Valeu, Serrão.

O 33 e o Magalhães estavam construindo a sua "obra de arte do descanso em favelas", como diziam. Não paravam de falar, enquanto buscavam vigas para apoiar os tapumes, depois colocavam os coletes balísticos, sem as devidas placas que seriam os "edredons" e a gandola dobrada que seriam os "travesseiros com espuma da NASA". Outros, simplesmente, deitavam no chão, sobre a poeira e apagavam, quase instantaneamente, como no caso do Negrute e do Valdeir. Cada um se virou da melhor maneira possível.

O comandante da patrulha fez a escala do "quarto de hora" e estabeleceu onde cada um dos responsáveis pela segurança deveria estar posicionado. Coloquei meu colete balístico sobre o estrado, usei meu cinto tático como travesseiro e mantive a gandola como um tipo de lençol, pois sabia que poderia esfriar de madrugada.

O local onde estávamos era um tipo de varanda, com cobertura, mas sem a parede frontal, onde estavam fixados os cabos do teleférico. Começou a chover e dei graças por estar abrigado. O 33 e o Magalhães continuavam a falar sobre as vantagens em se gastar mais tempo construindo uma "obra de arte do descanso em favelas" e em como isso ajudaria a melhorar a qualidade do sono. Adormeci, mas logo acordei com o Magalhães aos berros.

O estrado que eles pegaram estava cheio de pregos, e eles não perceberam. Agora, a "obra de arte do descanso em favelas" estava comprometida e tiveram que dormir no chão mesmo. Adormeci novamente, rindo daqueles dois.

– Avança a senha!

Acordei com a sentinela gritando. Minutos depois da codificação de senha e contrassenha chegou uma outra patrulha.

– Tomamos a maior chuva! Não temos onde ficar. Vamos ficar aqui com vocês.

Assim como nós, a patrulha se acomodou como pôde. Chovia forte. Algum tempo mais tarde, chegou a terceira patrulha.

Antes mesmo do dia clarear, o Serrão comandou a "alvorada". Era hora de partirmos. Meus olhos ardiam e meu nariz estava seco, entupido. A coceira nas costas e na região da canela, onde o coturno é amarrado, havia evoluído para uma ardência que pinicava, incomodando muito. Meu pescoço estava duro, doía muito. Aquele estrado tinha me rendido um torcicolo que me incomodaria até o natal daquele ano. Para onde eu olhava, via aqueles homens se preparando para mais um dia. Resignados, sua rusticidade era constrangedora para um ser humano normal. Enquanto nos equipávamos, o sol ganhava força e lentamente ia iluminando o Complexo do Alemão. Ficamos todos brancos. A poeira sobre o piso era gesso e todos sentimos os seus efeitos.

Enquanto descemos a favela, um posto de fiscalização dos paraquedistas do Exército revistava uma caçamba de lixo que estava sendo retirada. Lá dentro foram encontrados dois fuzis, munição e algumas granadas. Descemos para parabenizar os soldados pela apreensão. No FAL, novinho, uma inscrição: "Trem Bala". Era um fuzil utilizado em um bonde com o mesmo nome.

– Vossa Excelência escolheu o pior monte de lixo fedido de todo o Complexo do Alemão! O maior e o único que não tinha um único fuzil! – disse o Magalhães, olhando para o Serrão.

Todos abaixaram a cabeça, rindo. Pelo menos aquele maluco mantinha acesa em nós a importante capacidade de rirmos de nós mesmos. Voltamos a fazer o que sabíamos fazer, patrulhar, e, durante o resto da manhã, prosseguimos com o serviço de "bater" as casas da favela.

Eram, aproximadamente, 16h quando meu telefone tocou. Era o Afonso, que estava no comando e controle que ele montou junto da sala do Diretor Executivo da SR no RJ.

– Betini, você continua no Complexo?

– Continuo sim, chefe.

– Está com quem aí?

– Estamos em quatro da CAOP: eu, Bernardo, Cristiano e Hessel, e mais uma patrulha do BOPE. No total somos 12.

– Ótimo! Tem um sequestro envolvendo um colega da Federal, um perito. Ele conseguiu escapar. Vá até o endereço que ele nos passou e verifique o que aconteceu. Anote aí: rua da Vista Chinesa... Tijuca. Anotou?

– Sim, senhor. Estamos saindo, chefe. Vinte minutos fora.

– Manda ver!

Partimos imediatamente rumo à Tijuca. Saímos do 16o BPM, levando mais armas e munições apreendidas. Com sirenes abertas, voávamos baixo em meio ao trânsito da avenida Brasil. Ao chegarmos à Tijuca, fiz novo contato com a coordenação da operação.

– Chefe, dez minutos fora. No Alto da Boa Vista, não teremos sinal de celular. Assim que puder, voltarei a manter contato.

– Excelente!

Chegamos ao local, onde haviam duas viaturas da PM do Batalhão da área. O perito chegou em nossa direção, de bermuda e sem camisa, descalço. Estava todo machucado. Explicou-nos que havia aproveitado um instante de distração para fugir de dentro da casa, onde cinco bandidos faziam sua família refém. A intenção deles era transformar a casa em uma enfermaria, pois haviam mais cinco bandidos feridos na mata. Eles haviam fugido do confronto no Complexo do Alemão e tentaram se refugiar na favela da Rocinha. Não deu certo porque o tráfico naquela favela não aceitou a presença deles ali, com medo de chamarem a atenção das forças de segurança pública. Os traficantes, sem ter para onde ir, resolveram invadir uma casa, fazendo os moradores de reféns e improvisando uma enfermaria. Não deu certo.

A fuga do perito fez com que eles ficassem desesperados e abandonassem a casa. Eles fugiram para a mata. Entrevistamos o perito, tentando obter o máximo possível de informações. Ao fundo, eu observava a floresta da Tijuca. Não seria fácil procurar aqueles caras naquela imensidão verde. Além do que, o terreno era acidentado, um complicador a mais. Chegaram mais três viaturas. Eram os policiais do COT, meus antigos companheiros, juntamente com outros policiais da DRE. O chefe da equipe do COT chegou até onde estávamos.

– Qual a situação?

– É um cárcere privado, a ação dos bandidos foi frustrada com a fuga do colega perito. Na sequência, eles abortaram

a ação e se evadiram pela mata. Estamos entrando, vamos seguir por esta trilha até uma represa, depois seguiremos pela direita, atravessando o vale e seguindo pela lateral da montanha até chegarmos ao alto da Rocinha. Recomendo que vocês peguem a esquerda do lago.

– Ok!

Combinamos a senha e a contrassenha e já íamos longe quando ele gritou:

– VOCÊS TÊM COMUNICAÇÃO?

– Canal 1, simplex, a repetidora não está operando aqui.

Contato a cada hora cheia.

Olhei para a frente novamente e percebi que a patrulha havia sumido na mata. Deixaram a trilha e seguiram montanha abaixo, por um barranco íngreme, na mata fechada. Começou a chover. Não havia como caminhar. Desci o barranco escorregando, até conseguir parar, me segurando em uma árvore. Seguimos patrulhando por horas a fio, a escuridão começava a tomar conta da mata. Passamos por algumas casas, verdadeiras mansões construídas naquela região. À frente da patrulha ia um batedor tentando rastrear vestígios dos traficantes. Andamos por mais de três horas e, com a noite, tudo ficava mais difícil na mata. O Ten. Novo comandou um alto guardado e depois se dirigiu à minha direção.

– 34, está escuro demais aqui dentro. Nós podemos passar do lado desses vagabundos, que não vamos perceber a presença deles. Eles, por sua vez, não vão denunciar sua posição. Acho que é melhor retrairmos.

– Por mim, tudo bem.

Ele chamou os pontas da patrulha e mandou retrairmos, desbordando a montanha pela esquerda, para que não precisássemos voltar pelo mesmo caminho. Já era tarde, quando chegamos a uma encruzilhada, dentro de um condomínio. Estabelecemos um posto de controle, revistando veículos e pessoas que passavam por ali, tudo na tentativa de conseguir alguma informação a respeito dos criminosos.

Estávamos exaustos. A caminhada na mata, na conduta de patrulha, através daquele terreno de relevo acidentado e lamacento, havia exaurido nossas forças. A questão principal é que estávamos com equipamento pesado demais para uma operação rural daquela envergadura. Nossas viaturas haviam ficado próximas à casa do perito. Pedimos uma carona para um condutor que passava. Dois policiais foram com ele. Em pouco mais de meia hora, eles estavam de volta. Resolvemos patrulhar uma favela próxima, para onde os bandidos poderiam ter ido. Àquela altura, achávamos improvável que eles tivessem permanecido na mata, com tantos feridos. De qualquer maneira, estávamos em desvantagem e teríamos que aguardar que cometessem algum erro. Duas horas mais tarde, resolvemos voltar para nossa base no Alemão, para continuar o trabalho de vasculhamento da favela.

1

2

1. Blindado do BOPE, conhecido como "Caveirão", empurra carcaça de veículo utilizado como bloqueio das vias de acesso às comunidades.

2. Patrulha do BOPE reunida em via da comunidade, onde foram apreendidas diversas motos roubadas que eram utilizadas pelo tráfico.

3. Equipe de demolição do BOPE.

4. Equipe de apoio logístico do BOPE transportando contêiner que servira de alojamento para policiais da UPP.

5. Solenidade de hasteamento do Pavilhão Nacional em comunidade pacificada.

6. Policial do BOPE presenteando uma criança.

7. Armas e drogas apreendidas pelo BOPE.

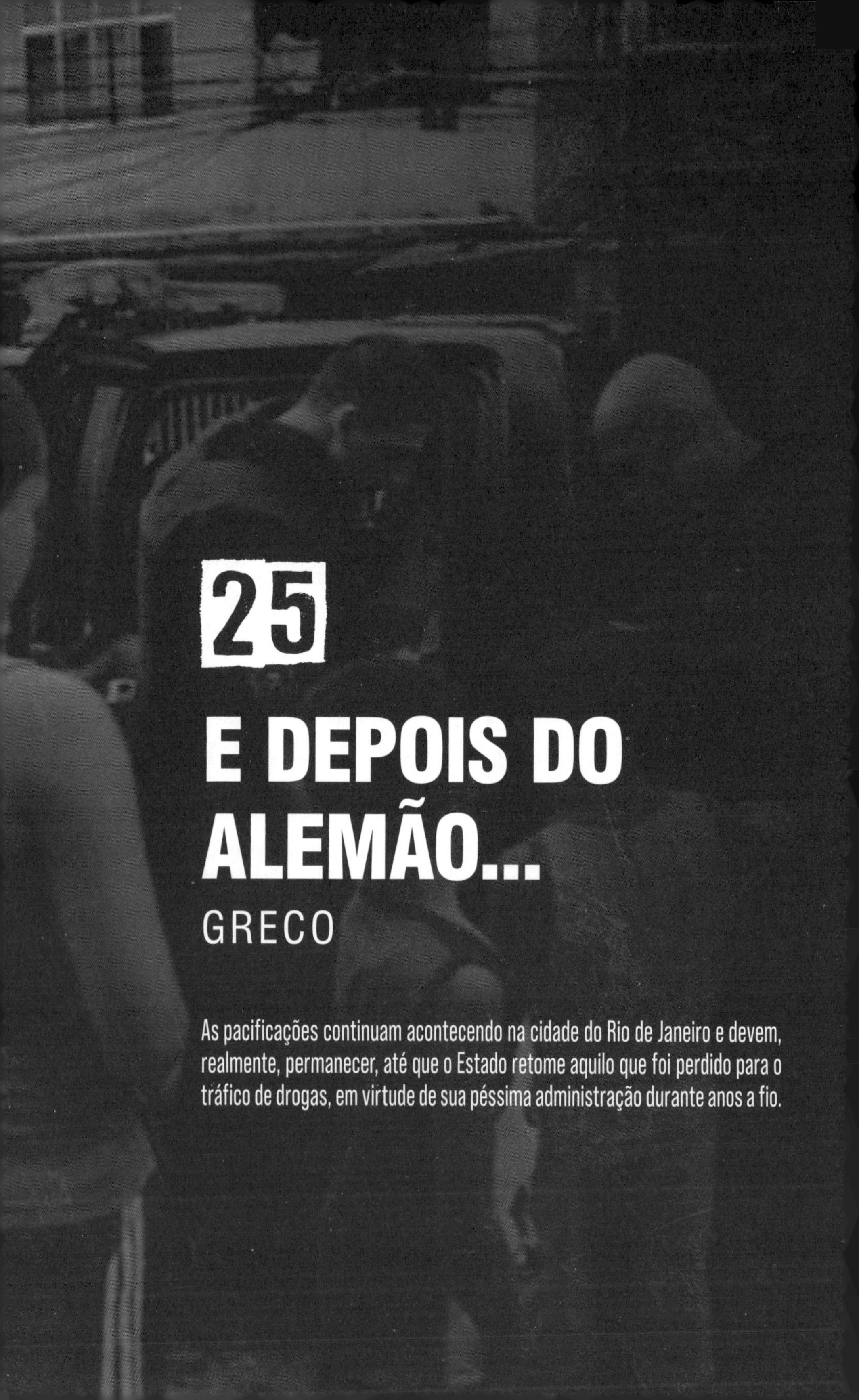

25

E DEPOIS DO ALEMÃO...

GRECO

As pacificações continuam acontecendo na cidade do Rio de Janeiro e devem, realmente, permanecer, até que o Estado retome aquilo que foi perdido para o tráfico de drogas, em virtude de sua péssima administração durante anos a fio.

Embora pacificadas, muitas comunidades ainda não vivem uma situação absoluta de paz. Os traficantes de drogas, que perderam o domínio de seus territórios, deixando de andar ostensivamente com fuzis empunhados para o alto, passaram, agora, a viver na clandestinidade, não deixando, no entanto, de praticar seu comércio ilícito.

Parece que essa nova fase os torna mais difíceis de serem encontrados. O serviço de inteligência da polícia deverá ficar atento a esse detalhe, pois a ausência ostensiva das armas os transforma em pessoas comuns. As comunidades, contudo, os conhecem bem. Sabem onde estão e ainda vivem, infelizmente, amedrontadas, imperando a lei do silêncio.

Muitas Unidades de Polícia Pacificadora têm sido alvo de ataques desses criminosos. No próprio Complexo do Alemão, no dia 22 de julho de 2012, a soldado PM Fabiana Aparecida de Souza, com apenas 30 anos de idade, e pouco tempo de corporação, foi morta, com um tiro de fuzil 762, após sua base, localizada na UPP Nova Brasília, ter sido alvo de ataques pelos traficantes daquela região. Outros policiais e postos das UPPs têm sido alvo de ataques de traficantes em comunidades consideradas como pacificadas.

O que fazer? Como o Estado poderá parar com essa onda de violência que assola nosso país, de uma forma geral? Embora, aqui, nossa finalidade fosse a de retratar um fato específico, que ganhou notoriedade em nível mundial, vale dizer, a violência e o tráfico de drogas, que eram praticados no Complexo do Alemão, isso acontece, em menor proporção, em basicamente todas as cidades brasileiras.

Nosso país vem ganhando respeito internacionalmente. Deixou de ser tratado com desdém pelas demais nações. Nossas opiniões, agora, são escutadas e praticadas por líderes de países desenvolvidos. No entanto, ainda há muito o que mudar.

Enquanto finalizávamos esse texto, no ano de 2013, a população, espontaneamente, sem a influência de qualquer partido político, ou grupo de sindicalistas, se mobilizou, revoltada, inicialmente, contra o aumento das passagens de ônibus. Isso, na verdade, foi somente o estopim, que deflagrou a fúria da sociedade. Ninguém suportava mais ouvir notícias sobre corrupção e, principalmente, a respeito da impunidade das pessoas que as praticam. As estatísticas criminais demonstram que o número de pessoas efetivamente processadas e condenadas por crimes contra a administração pública, como de corrupção passiva, concussão, prevaricação, peculato etc., é irrisório.

Assim, nos perguntamos: onde está a Justiça nesses casos? Será que somente o tráfico de drogas nos preocupa? Quem financia o tráfico de drogas? Será que esses traficantes de drogas, que levam suas vidas nessas comunidades carentes, possuem capacidade para administrar valores tão altos? Obviamente, todos sabemos que os vendedores, os traficantes dos morros são, somente, a ponta do *iceberg*.

A sociedade deve se mobilizar em busca da punição daqueles que, mais até do que os próprios criminosos do tráfico, exterminam milhares de pessoas com seus desvios e apropriações de verbas públicas. Envergonha-nos saber dos superfaturamentos das obras públicas. Com a desculpa de realizar uma Copa do Mundo em nosso país, gastamos, em obras, mais do que o equivalente ao que outros três países gastaram, somados, nas copas anteriores.

Por que isso? Por que nos omitimos e aceitamos esse tipo de comportamento? Temos que sair da "batalha do Alemão", que foi vitoriosa, e partir para a "batalha contra a corrupção". Chegou a hora do basta. Somos capazes.

Monteiro, Betini e todos os outros policiais citados neste livro não são personagens de ficção. São pessoas, de carne e osso, que expuseram e ainda expõem suas vidas, para que tenhamos a tão sonhada paz social. Saíram da missão do Complexo do Alemão e já foram designados para outras. O crime não para e nós precisamos de policiais como eles.

Mas como alcançar essa tão sonhada paz social se servidores públicos corruptos assumem as rédeas de nossa nação? De que vale pacificar essas comunidades, se o Estado Social, previsto em nossa Constituição Federal, ainda não se faz presente? De que adianta um determinado território ser retomado pelas forças policiais, se as pessoas que ali habitam não possuem um mínimo de dignidade? Onde está a prestação de serviços de saúde, educação, lazer, cultura, saneamento básico, energia elétrica, água, ou seja, o mínimo necessário para se viver com dignidade?

As pessoas que vivem nessas comunidades carentes não são diferentes de nós, que estamos fora delas. São nossos irmãos. Brasileiros, de corpo e alma. Precisam de nossa ajuda.

Sou um defensor ardoroso dessas pacificações. Para a cidade do Rio de Janeiro, esse projeto, realmente, é a última luz ao fim do túnel. Não existe um plano B, caso as pacificações não tenham sucesso. A polícia, principalmente o BOPE, que tem a primeira função de chegar nessas comunidades dominadas pelo tráfico e retomá-las, entregando-as, posteriormente, ao controle das UPPs, exerce um papel fundamental. Mas, sozinha, não conseguirá resolver qualquer problema social.

As pacificações, deve ser dito, devolveram às regiões onde foram realizadas uma sensação de segurança, valorizando, inclusive, os imóveis localizados em seu entorno, principalmente aqueles que eram, com frequência, cravejados de tiros.

O censo de 2010 identificou 1071 favelas no Rio de Janeiro. Ainda se tem muito o que fazer pela frente. Os brasileiros contam com isso. O momento é de união. Já chegou a hora, na verdade, já passou da hora da população se levantar contra esses exterminadores do bem público. Poucos são os que, efetivamente, representam a sociedade que os escolheu. O momento é de mudança. A "batalha do Alemão" foi um marco, em termos de segurança pública. No entanto, já é coisa do passado e o futuro nos espera. Não podemos olhar para trás, temos que caminhar a passos largos, buscando um Brasil melhor, menos injusto, mais igualitário.

Aos guerreiros do BOPE, e aos demais policiais que fazem parte das forças públicas do Estado, ficam aqui registradas minhas homenagens. Sei que não existe *glamour* na função que escolheram cumprir com dignidade. Só há, na verdade, um sentimento de dever cumprido.

Nossa finalidade ao narrar histórias reais, que aconteceram com a retomada do Complexo do Alemão, é mostrar à sociedade um pouco do que ocorre no dia a dia daqueles que exercem a atividade policial, muitas vezes criticados por essa mesma sociedade, que fazem questão de defender, mesmo colocando em risco suas próprias vidas.

As histórias que aconteceram no Complexo do Alemão, aqui narradas, não foram as primeiras e, tampouco, serão as últimas. Enquanto houver essa gritante desigualdade social, ainda teremos muito o que escrever. Enquanto os corruptos dessa nação não tiverem uma resposta à altura por parte do Estado, a miséria e a pobreza reinarão. Temos muito a fazer. O Brasil tem pressa.

1

2

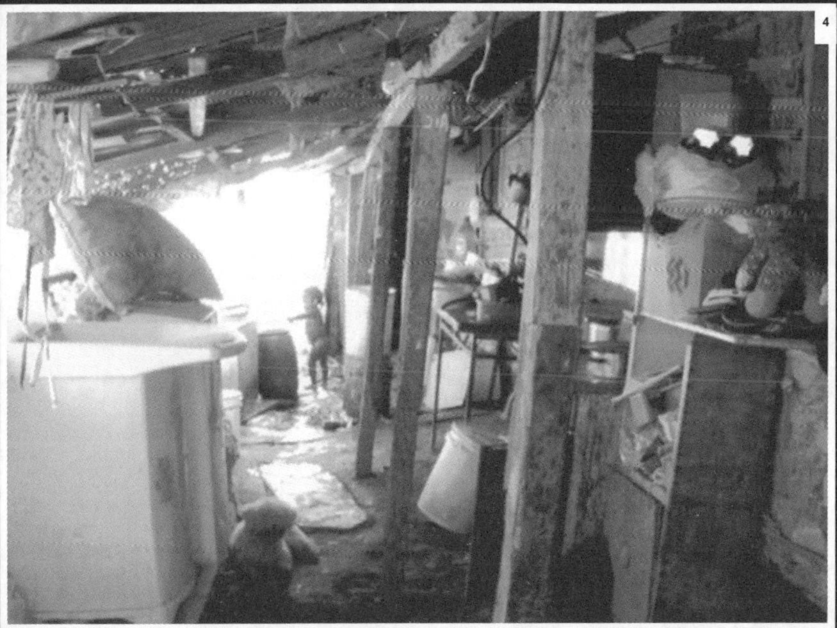

1, 2, 3 e 4. Barracos que mostram a situação de miséria a que é relegada grande parte de nossa população, que vive em condições desumanas, esquecida pelo Estado, que só se lembra dela na hora de aplicar alguma sanção penal ou de pedir votos em épocas de campanhas políticas

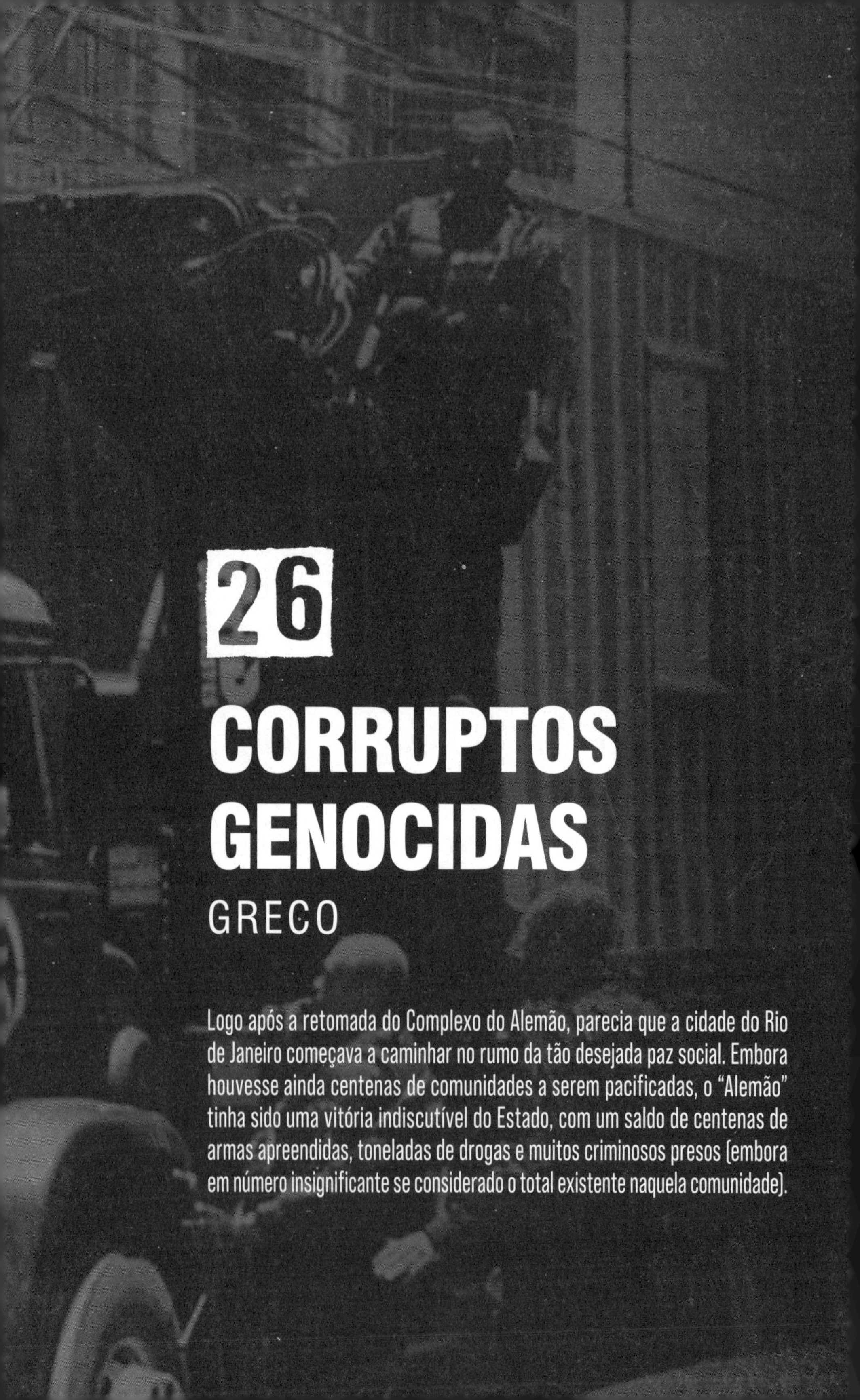

26

CORRUPTOS GENOCIDAS

GRECO

Logo após a retomada do Complexo do Alemão, parecia que a cidade do Rio de Janeiro começava a caminhar no rumo da tão desejada paz social. Embora houvesse ainda centenas de comunidades a serem pacificadas, o "Alemão" tinha sido uma vitória indiscutível do Estado, com um saldo de centenas de armas apreendidas, toneladas de drogas e muitos criminosos presos (embora em número insignificante se considerado o total existente naquela comunidade).

A cidade parecia que voltaria a sorrir. O carioca já poderia, agora, dirigir seus veículos menos preocupados pelas grandes artérias urbanas, principalmente a famosa Avenida Brasil. Ledo engano.

Não tardou muito e a Unidade de Polícia Pacificadora, instalada no Complexo do Alemão, começou a sofrer ataques dos traficantes que insistiam em voltar para seus pontos de origem. Em julho de 2012, em confronto com traficantes, morreu a soldado Fabiana Aparecida de Souza, com 30 anos de idade, e apenas 4 meses de corporação, enterrada com honras militares. O que esse Estado corrupto não consegue entender é que nenhum policial quer ser enterrado com honras militares, mas sim viver e lutar com dignidade. Foram, e ainda são, frequentes os ataques de criminosos contra bases das UPPs, normalmente instaladas em precários *containers*. Em abril de 2017, mais um policial do BOPE foi ferido no Complexo do Alemão, quando procurava instalar uma cabine blindada naquela comunidade.

A simples instalação de uma UPP, sem a implementação de um verdadeiro Estado Social, em nada adianta. Pelo contrário, só coloca em risco a vida e a integridade física dos policiais militares que ali exerciam, e ainda exercem, suas funções.

Na verdade, o Estado nunca se importou com suas Polícias. Infelizmente, o policial é somente mais um número, numa estatística assustadora. Tudo isso, contudo, tem um nome. Chama-se corrupção. Vivemos em um dos países mais corruptos do mundo, no qual uma Justiça complacente permite que criminosos de colarinho branco continuem à solta, enquanto os mais miseráveis têm seu destino certo, o cárcere.

A deflagração da chamada "Operação Lava Jato" mostrou a verdadeira face de nossos políticos. São genocidas inescrupulosos, ou seja, exterminadores insensíveis da nossa população.

Foram bilhões de reais desviados, que haviam sido devidamente arrecadados de todos os contribuintes que, em troca, tiveram somente a presença de um Estado ineficiente e covarde.

No Rio de Janeiro, mais especificamente, uma sucessão de governos criminosos conseguiu quebrar o Estado. Obras superfaturadas fizeram a festa de muitos políticos inescrupulosos. Aproveitaram-se de todas as ocasiões, principalmente das desculpas de ter em nosso território a organização de uma "Copa do Mundo", "Jogos Olímpicos" etc. Foram, realmente, recordistas em lesão aos cofres públicos. Na verdade, as operações deflagradas, principalmente, pela Polícia Federal e também pelo Ministério Público Federal, comprovaram o legado caótico deixado por essa pior espécie de marginais.

A imprensa, quase diariamente, noticiava novas prisões que, infelizmente, para tristeza de toda uma nação, eram afastadas por decisões dos Tribunais Superiores, principalmente por nossa Corte Maior, o Supremo Tribunal Federal, ainda não acostumado a punir, com o devido vigor e rigor, determinada classe de criminosos. Malas de dinheiro apreendidas, milhões guardados em caixas de papelão, joias indescritíveis, enfim, tudo fruto de corrupção, devidamente apreendido em muitas operações. No entanto, parece que nossa Justiça atua como aqueles três macacos que não ouvem, não falam, e não enxergam. Nossa Justiça ainda continua extremamente seletiva. Prendemos muito, e prendemos mal. Quem deveria estar preso está solto, e quem deveria estar solto, está preso. A corda sempre arrebenta do lado mais fraco, já dizia a sabedoria popular.

O tempo passou, e nada foi feito para modificar a situação do povo carioca. As pacificações foram interrompidas, não somente por falta de verbas, mas também por falta de vontade política. De que adianta retomar um território dominado pelo tráfico, se o Estado não leva dignidade à sua população mais carente.

Ninguém suporta mais essa situação. A todo momento ouvimos pessoas indignadas, dizendo que querem sair do Brasil e morar em outro país. Essa não é a solução. Quem tem que deixar o país não somos nós, mas sim esses

políticos marginais, corruptos, que o destroem a cada dia. Seus lugares já estão devidamente reservados, ou seja, as penitenciárias. Seus patrimônios obtidos ilicitamente devem ser devidamente confiscados. Os valores por eles subtraídos devem voltar aos cofres públicos. Devem ser expurgados da vida pública. Devem sofrer o repúdio da população, que os tratará com desprezo, com asco. Suas vidas sociais serão interrompidas, pois aqui já não há espaço para seus gastos nababescos, em restaurantes caríssimos, apartamentos e carros luxuosos.

Perdoem-me pelo desabafo neste capítulo final. Gostaria de vir aqui e dizer como o processo de pacificação do Alemão estava sendo bem-sucedido, com o Estado cumprindo seu papel social, levando saúde, educação, lazer, cultura e habitação digna àquela comunidade tão sofrida. No entanto, só nos restaram lástimas, pelo menos até o momento.

Temos que virar o jogo, mudar essa situação. Muitas vezes, a pacificidade do brasileiro o prejudica. Nunca fui, e nunca serei, a favor da violência. Contudo, o brasileiro deve se mobilizar, diariamente, até que esses políticos corruptos sumam de vez do cenário político. A atuação do Ministério Público é de vital importância. Independentemente de pertencer, desde o ano de 1989, a essa instituição da qual tanto me orgulho, o trabalho do Ministério Público tem feito diferença na sociedade. Se não fosse, muitas vezes, por um Poder Judiciário que parece competir com o Ministério Público, querendo se sobressair, mostrar equivocadamente sua força, já podíamos estar muito mais avançados. Mas, infelizmente, enquanto não forem modificados os critérios de escolha dos Ministros de nossa Suprema Corte, assistiremos decisões lamentáveis, que somente retardam o avanço social.

A minha oração é que Deus não abandone nosso país, e afaste dos Poderes constituídos todos aqueles que, de alguma forma, agindo por interesses egoístas e mesquinhos, venham a prejudicar nossa nação.

Há esperança. Estamos mudando, mesmo que aos poucos. Não sejamos mais tolerantes com os maus, e que o bem sempre prevaleça. Nosso tempo é agora. Se não nós, quem? Se não agora, quando?

1. Sérgio Cabral > foto: Michel Filho – Ag. O Globo..

2. Marcelo Odebrecht > foto: Nilton Fukuda/Estadão.

3. Maracanã reformado > foto: Daniel Brasil/Portal da Copa.

4. Vila Olímpica > foto: Reprodução / André Motta / brasil2016.gov.br.

5. Soldado Fabiana > foto: Reprodução da Internet.

6. Cruzes dos Policiais Mortos > foto: extra.globo.com

CRÉDITO DAS IMAGENS:

Fernando Souza
Uanderson Fernandes
Fábio Gonçalves
Ernesto Carriço
Paulo Araújo
Severino Silva
Carlos Moraes
Maíra Coelho
Carlo Wrede
Alexandre Brum
Léo Corrêa
Eduardo Naddar
Alexandre Vieira
Felipe O'Neill
Carlos Eduardo Cardoso Rodrigues
Tasso Marcelo
Estefan Radovics

As imagens contidas neste livro foram
cedidas pela Agência O DIA e pelos autores

VOCÊ TAMBÉM ENCONTRA NA EDITORA GRIFFO'S

PAPA ALPHA
PORTE DE ARMA PARA DEFESA PESSOAL

WWW.EDITORAGRIFFOS.COM
@EDITORAGRIFFOS

VOCÊ TAMBÉM ENCONTRA NA EDITORA GRIFFO'S

NOITES DE TORMENTA